AF315448

MÉMOIRES

D'ANATOMIE ET DE PHYSIOLOGIE

COMPARÉES,

CONTENANT

DES RECHERCHES SUR 1o LES LOIS DE LA SYMÉTRIE DANS LE RÈGNE ANIMAL;
2o LE MÉCANISME DE LA RUMINATION; 3o LE MÉCANISME DE LA RESPIRATION DES POISSONS;
4o ET LES RAPPORTS DES EXTRÉMITÉS ANTÉRIEURES ET POSTÉRIEURES DANS L'HOMME,
LES QUADRUPÈDES ET LES OISEAUX;

PAR

P. FLOURENS,

SECRÉTAIRE PERPÉTUEL DE L'ACADÉMIE ROYALE DES SCIENCES (INSTITUT DE FRANCE),
MEMBRE DES SOCIÉTÉS ROYALES DE LONDRES ET ÉDIMBOURG, DES ACADÉMIES ROYALES DES SCIENCES
DE STOCKHOLM, MUNICH, TURIN, ETC., ETC.,
PROFESSEUR DE PHYSIOLOGIE COMPARÉE AU MUSÉUM D'HISTOIRE NATURELLE
DE PARIS.

Accompagnés de Huit Planches gravées et coloriées.

PARIS.

CHEZ J.-B. BAILLIÈRE,

LIBRAIRE DE L'ACADÉMIE ROYALE DE MÉDECINE,

RUE DE L'ÉCOLE-DE-MÉDECINE, 17.

A LONDRES, CHEZ H. BAILLIÈRE, 219, REGENT STREET.

1844.
1843

PARIS. — IMPRIMERIE DE BOURGOGNE ET MARTINET,
30, rue Jacob.

MÉMOIRES

D'ANATOMIE ET DE PHYSIOLOGIE

COMPARÉES,

CONTENANT

DES RECHERCHES SUR 1o LES LOIS DE LA SYMÉTRIE DANS LE RÈGNE ANIMAL;
2o LE MÉCANISME DE LA RUMINATION; 3o LE MÉCANISME DE LA RESPIRATION DES POISSONS;
4o ET LES RAPPORTS DES EXTRÉMITÉS ANTÉRIEURES ET POSTÉRIEURES DANS L'HOMME,
LES QUADRUPÈDES ET LES OISEAUX;

PAR

P. FLOURENS,

SECRÉTAIRE PERPÉTUEL DE L'ACADÉMIE ROYALE DES SCIENCES (INSTITUT DE FRANCE),
MEMBRE DES SOCIÉTÉS ROYALES DE LONDRES ET ÉDIMBOURG, DES ACADÉMIES ROYALES DES SCIENCES
DE STOCKHOLM, MUNICH, TURIN, ETC., ETC.,
PROFESSEUR DE PHYSIOLOGIE COMPARÉE AU MUSÉUM D'HISTOIRE NATURELLE
DE PARIS.

Accompagnés de Huit Planches gravées et coloriées.

PARIS.

CHEZ J.-B. BAILLIÈRE,

LIBRAIRE DE L'ACADÉMIE ROYALE DE MÉDECINE,

RUE DE L'ÉCOLE-DE-MÉDECINE, 17.

A LONDRES, CHEZ H. BAILLIÈRE, 219, REGENT STREET.

1844.
1843

PRÉFACE.

Je me propose de réunir, dans une suite de volumes, les différents Mémoires que j'ai publiés ou que je prépare depuis une vingtaine d'années.

Ce volume en contient déjà quatre : le premier, sur les *lois de la symétrie dans le règne animal;* le deuxième, sur le *mécanisme de la rumination ;* le troisième, sur le *mécanisme de la respiration des poissons ;* et le quatrième, sur les *rapports des extrémités antérieures et postérieures dans l'homme, les quadrupèdes et les oiseaux.*

Le premier de ces quatre Mémoires, celui sur les *lois de la symétrie dans le règne animal,* est l'étude d'une question pleine d'intérêt. On connaît la belle théorie de M. De Candolle sur la *symétrie des végétaux.* J'ai voulu voir jusqu'à quel point cette théorie pouvait être appliquée au règne animal.

L'esprit humain se refait par des théories neuves. Celle de M. De Candolle nous ouvre un champ nouveau d'idées et de recherches. Ces lois secrètes qui président à

 PRÉFACE.

l'évolution des organes, ces lois qui marquent, pour tant d'organes, les époques préfixes, et, si je puis ainsi dire, fatales, de leur avortement, de leurs divisions, de leurs soudures, de leurs dégénérescences ou métamorphoses, ces lois touchent peut-être à ce qu'il y a de plus intime dans la nature des êtres.

Nous ne connaissons encore que l'écorce des choses. Il faut pénétrer jusqu'aux mécanismes secrets que cette écorce nous cache. Là se trouvera la science nouvelle; et la théorie de M. De Candolle est un grand pas vers cette science.

Le Mémoire sur le *mécanisme de la rumination* ne se rapporte qu'à un phénomène très particulier. Il s'agit de savoir quelle est la route que suivent les aliments, soit à la première, soit à la seconde déglutition des animaux ruminants; il s'agit surtout de savoir par quel mécanisme, par quel appareil, ces aliments sont ramenés à la bouche entre l'une et l'autre déglutition.

Il y a une route distincte pour les aliments de chaque déglutition, et les expériences de mon Mémoire marquent bien ces deux routes. Mais quel est le mécanisme, quel est l'appareil qui détermine la réjection régulière des aliments? J'avouerai sans peine que mon opinion ne repose pas ici sur une expérience directe. Je n'ai pu voir en action l'appareil que je crois être l'appareil formateur des petites masses alimentaires, des *pelotes,* qui sont reportées avec tant de régularité, avec tant d'ordre, par l'œsophage à la bouche.

D'un côté j'ai vu des *pelotes,* et de l'autre j'ai vu un appareil nouveau qui, seul entre toutes les parties des quatre estomacs, m'a paru propre à former ces *pelotes :* mais voilà tout ce que j'ai vu. Mon opinion n'est donc ici qu'une conclusion indirecte, une *déduction;* et, tout en proposant cette *déduction,* je la soumets aux physiologistes.

Mes expériences sur le *mécanisme de la respiration des poissons* ont eu pour objet de résoudre ce beau problème, savoir, comment il se fait que les poissons, ne *respirant* dans l'eau que l'air, meurent pourtant dans l'air, et y meurent par asphyxie.

Personne n'avait encore fait de ce problème une étude sérieuse. Mes expériences en donnent la solution; car elles font voir que les branchies des poissons, c'est-à-dire leurs poumons, ne se développent que dans l'eau, et ne se développent pas dans l'air.

Mon quatrième Mémoire, celui sur le *parallèle des extrémités,* offre une manière nouvelle de comparer les unes aux autres les extrémités antérieures et postérieures dans l'homme, les quadrupèdes et les oiseaux

Dans un autre Volume, je réunirai mes Mémoires et les

vues qui me sont propres touchant la *physiologie du fœtus,* ou, en d'autres termes, touchant le rôle particulier que jouent, soit pour la nutrition, soit pour le développement du fœtus, chacune des différentes parties, chacun des différents organes, dont l'œuf se compose.

Au Jardin-du-Roi, le 6 novembre 1843.

MÉMOIRES

D'ANATOMIE ET DE PHYSIOLOGIE

COMPARÉES.

I.

ÉTUDES

SUR

LES LOIS DE LA SYMÉTRIE

DANS LE RÈGNE ANIMAL,

ET SUR LA THÉORIE DU DÉDOUBLEMENT ORGANIQUE.

§ Iᵉʳ.

1. La théorie de M. De Candolle sur la symétrie des végétaux est célèbre ; et, dans la pensée du grand botaniste, cette théorie ne se borne pas au règne végétal.

2. Selon M. De Candolle, la première *loi*, non seulement de tout végétal, mais de tout être organisé, est la symétrie.

3. A la vérité, cette *symétrie* peut être troublée : elle l'est en effet, et même souvent ; mais elle ne l'est jamais que par des *altérations subséquentes*.

4. Les *avortements*, les *divisions*, les *soudures*, les *dégénérescences*, sont les quatre *altérations subséquentes* qui, dans les végétaux, troublent la *symétrie primitive*.

5. Enfin, ces quatre *altérations subséquentes* sont elles-mêmes assujetties à des lois.

§ II.

1. J'ai exposé ailleurs (1) cette belle théorie de M. De Candolle, qui, comme on voit, roule sur trois points principaux : le premier, qu'il y a une *symétrie primitive;* le second, qu'elle peut être troublée par des *altérations subséquentes;* et le troisième, que ces *altérations subséquentes* sont elles-mêmes déterminées et préfixes.

§ III.

1. Je cherche, dans les *Études* que voici, à faire de la théorie de M. De Candolle une application spéciale au règne animal.

2. J'ai voulu voir : 1° si, dans ce règne, la *symétrie* constitue également une loi générale et primitive des êtres ;

2° Si les mêmes *altérations subséquentes* l'y troublent : les *avortements*, les *divisions*, les *soudures;*

Et 3° (ce qui, comme on le verra bientôt, est le point principal) si la *dégénérescence* ou la *métamorphose*, ce mécanisme secret du développement végétal, est aussi le mécanisme secret du développement animal, et, s'il ne l'est pas, par quel autre il est remplacé.

(1) Voyez mon *Éloge historique* de M. De Candolle.

PREMIÈRE PARTIE.

De la symétrie dans les organes de la vie animale.

§ Ier.

1. Dans l'étude des organes de la vie animale, le premier trait qui frappe est celui de leur *symétrie*.

2. Le corps de l'animal se compose de deux moitiés semblables ; on pourrait presque dire de deux corps unis, car il n'est pas une partie de l'une de ces deux moitiés, de l'un de ces deux corps, qui ne se retrouve dans l'autre.

3. Il y a deux yeux, deux oreilles, deux joues, deux épaules, deux jambes, deux bras, etc., etc.

4. Et l'œil d'un côté est exactement conformé comme l'œil de l'autre côté, l'oreille d'un côté comme l'oreille de l'autre, etc. ; le bras, la jambe d'une moitié sont la répétition exacte du bras, de la jambe de l'autre moitié, etc.

§ II.

1. Il y a donc deux côtés, deux moitiés semblables ; et le corps de l'animal se compose de deux corps unis.

2. Une *symétrie* si merveilleuse a de bonne heure fixé l'attention des meilleurs esprits.

3. « Les animaux, dit Newton, ont deux côtés, l'un droit et l'autre gauche, » formés de la même manière ; et, sur ces deux côtés, deux jambes par » derrière, et deux bras, ou deux jambes, ou deux ailes par devant, etc. (1). »

4. Winslow, étudiant le squelette, y suit la symétrie sous toutes ses formes.

5. « Il y a, dit-il, des os qui seuls sont symétriques, c'est-à-dire qui ont une » certaine régularité réciproque de côté et d'autre ; tels sont l'os coronal,

____

(1) *Traité d'optique* (traduct. de Coste), t. II, p. 577.

» l'occipital, le sphénoïde, l'éthmoïde, le vomer, la mâchoire inférieure,
» l'hyoïde, le sternum, les vertèbres, l'os sacrum et le coccyx. Ces os sont
» impairs, et placés dans le milieu qui distingue la partie droite du corps
» d'avec la partie gauche.

    » Tous les autres os, pris séparément, n'ont point de symétrie; mais cha-
» cun, pris avec celui qui lui répond de l'autre côté, fait une figure régu-
» lière : ces os sont pairs et placés à droite et à gauche. Par exemple, les os
» pariétaux, ceux des bras, ceux des cuisses, etc. (1) »

§ III.

    1. Il en est de toutes les autres parties de la vie animale comme du
squelette. Les parties, placées dans chaque côté du corps, ne sont pas symétriques par elles-mêmes; chacune d'elles ne l'est que comparée à la partie
qui lui correspond de l'autre côté.

    2. L'œil n'est pas symétrique par lui-même; mais, comparé à l'autre œil,
il l'est; l'oreille n'est pas symétrique par elle-même, mais, comparée à
l'oreille de l'autre côté, elle l'est, etc., etc.

    3. Au contraire, toutes les parties placées dans le milieu du corps sont
symétriques par elles-mêmes, ou composées de deux moitiés semblables.

    4. Le nez se compose de deux narines; la langue se compose de deux moi-
tiés, de deux langues semblables, etc., etc.

§ IV.

    1. La symétrie de toutes les parties de la vie animale tire sa source de la
symétrie du système nerveux.

    2. Tout est symétrique, ou double, ou composé de deux moitiés sem-
blables, dans le système nerveux.

    3. Les nerfs se détachent tous de la moelle épinière par paires latérales
et symétriques.

(1) *Exposit. anat. de la structure du corps humain*, art. DU SQUELETTE, numéros 37 et 38.

4. La moelle épinière est composée de deux moitiés semblables, séparées par deux sillons médians, l'un supérieur et l'autre inférieur ; le cervelet a ses deux côtés semblables : il y a deux tubercules quadrijumeaux, une couche optique, un corps strié, pour chaque côté de l'encéphale, etc.

5. Il y a deux hémisphères cérébraux, ou plutôt, et à rigoureusement parler, il y a deux cerveaux, comme il y a deux yeux, deux mains, etc.

6. Chaque hémisphère cérébral est, en effet, la répétition exacte et complète de l'autre, et non seulement pour la structure, mais pour la fonction : un lobe cérébral enlevé, l'autre lobe suffit à l'intelligence (1).

§ V.

1. La *symétrie* est donc la grande loi qui règne dans les organes de la vie animale (2).

SECONDE PARTIE.

De la symétrie dans les organes vitaux

§ Iᵉʳ.

1. Bichat a fait une *loi générale* de l'*irrégularité* ou *non-symétrie* des organes vitaux ; *irrégularité* qu'il oppose, comme trait de contraste, à la *symétrie* des organes de la vie animale.

2. « La plus essentielle des différences, dit-il, qui distinguent les » organes de la vie animale de ceux de la vie organique, c'est la symétrie » des uns et l'irrégularité des autres (3). »

3. Mais, en posant cette *loi*, Bichat n'a considéré que l'homme et les

---

(1) Voyez mes *Recherches expér. sur les prop. et les fonct. du système nerveux dans les animaux vertébrés*. Seconde édition, Paris, 1842, in-8.

(2) Les *pleuronectes*, parmi les poissons, ont, comme chacun sait, les deux yeux du même côté : l'un tout-à-fait à sa place, l'autre un peu détourné de sa place ordinaire. Comment cette déviation s'est-elle opérée ?...

(3) *Recherches physiol. sur la vie et la mort*, art. 2.

animaux voisins de l'homme , et il n'a tenu aucun compte de tous les autres, c'est-à-dire du plus grand nombre, sans aucune comparaison.

4. On verra bientôt, en effet, par les faits que je rapproche ici, qu'il n'est pas un organe de la vie organique (foie , pancréas , poumons , rate, etc.) qui, dans un animal ou dans l'autre, ne se montre parfaitement symétrique , et qu'ainsi la symétrie de ces organes , altérée dans quelques espèces par certaines circonstances particulières , reparaît dans l'ensemble du règne; de telle sorte que leur *non-symétrie*, qui, à ne considérer que l'homme et les animaux voisins de lui , paraît le cas général , n'est , au contraire , à considérer l'ensemble des animaux , que le cas particulier et exceptionnel.

§ II.

1. Je commence par les *poumons* cette revue de la *symétrie* des organes vitaux dans les différentes classes.

2. Bichat insiste beaucoup sur quelques petites différences qui se trouvent entre le poumon droit et le poumon gauche de l'homme ; il fait remarquer, par exemple , que l'un de ces poumons, le droit, a trois lobes , et que l'autre, le gauche, n'en a que deux, que le volume de l'un l'emporte sur le volume de l'autre , etc.

3. Mais, outre que de pareilles différences , qui ne tiennent qu'au *volume* ou à la *division* d'un organe, ne sont jamais d'un bien grand poids en anatomie comparée, c'est que, dans la classe même des mammifères, à laquelle appartient l'homme, ces petites différences ne se montrent pas constantes. A la vérité, dans cette classe, le poumon droit a, presque toujours, un plus grand nombre de lobes que le gauche; cependant plusieurs mammifères, comme l'*éléphant*, le *rhinocéros*, etc., n'ont de lobes ni à l'un ni à l'autre poumon; plusieurs, comme le *lama*, le *marsouin*, etc. , au lieu de lobes, n'ont que de simples *scissures*, soit à un poumon, soit à l'autre, etc.

4. Ainsi donc, dans les mammifères mêmes, où pourtant l'inégalité entre

les deux poumons forme le cas le plus général, le poumon droit y ayant presque toujours, comme je viens de le dire, un plus grand nombre de lobes que le gauche, on voit pourtant quelques espèces où se montre déjà l'égalité, la symétrie, entre ces deux organes.

5. Mais c'est surtout dans les oiseaux que cette symétrie paraît avec évidence.

6. Dans tous les oiseaux, les deux poumons sont ou tout-à-fait ou à peu près tout-à-fait égaux entre eux, et ils n'ont de lobes ni l'un ni l'autre.

7. Ainsi, à l'inverse des mammifères, où la symétrie paraissait le cas exceptionnel et l'irrégularité le cas général, on voit, dans les oiseaux, la symétrie former une loi commune, constante, et qui ne souffre aucune exception.

8. Dans la classe des reptiles, il est quelques ordres où règne la symétrie, et il en est quelques autres où l'irrégularité reparaît, et même d'une manière plus tranchée que dans les mammifères. Les *chéloniens*, la plupart des *sauriens*, tous les *batraciens*, ont les poumons doubles et égaux ; quelques *sauriens* et presque tous les *ophidiens*, au contraire, ont un poumon très petit par rapport à l'autre, et même, dans quelques *ophidiens*, le petit poumon disparaît tout-à-fait, et par conséquent il n'y a plus alors qu'un seul poumon dans ces animaux.

9. Ces rapports de variation entre les deux poumons des *ophidiens* offrent un des faits les plus curieux de l'anatomie comparée, car ces rapports observent un certain ordre.

10. Parmi les vrais serpents, les *boas* ont le petit poumon de moitié plus court que l'autre ; il est quatre fois plus court que l'autre dans les *typhlops*; il manque tout-à-fait dans les *amphisbènes*, dans les *rouleaux*, etc. Parmi les *ophidiens* qui, comme les *orvets*, les *scheltopusik*, les *ophisaures*, se rapprochent des *sauriens* par les vestiges de membres qu'ils conservent encore cachés sous la peau, on voit le petit poumon être de moitié plus court que l'autre dans les *orvets*, d'un tiers dans

les *ophisaures*, d'un quart dans les *scheltopusik*, dans les *acontias*, etc.

11. D'un autre côté, le *bipède lépidopode* et le *bimane cannelé* sont deux *sauriens*, mais deux *sauriens* qui se rapprochent des *ophidiens*, et surtout des *orvets*, par le manque d'une paire de membres, antérieure ou postérieure; et ce qui complète le rapprochement, c'est que, comme dans les *ophidiens* et dans les *orvets*, ces deux *sauriens* ont aussi l'un des poumons plus petit que l'autre. Dans le *bipède lépidopode*, le petit poumon est de moitié plus court que l'autre, et, dans le *bimane cannelé*, le petit poumon n'est plus qu'en vestige.

12. C'est dans un ordre de reptiles, celui des *batraciens*, qu'on observe, pour la première fois, parmi les vertébrés, le passage de la respiration aérienne à la respiration aquatique, ou de l'appareil pulmonaire à l'appareil branchial, soit que, comme dans les *grenouilles*, les *crapauds*, les *salamandres*, etc., ces deux appareils se succèdent l'un à l'autre, soit que, comme dans les *axolotls*, les *protées*, les *sirènes*, etc., ces deux appareils existent simultanément. Or, dans tous ces animaux, ces deux appareils, le pulmonaire et le branchial, sont toujours symétriques.

13. La même symétrie règne dans tous les poissons : dans tous, les branchies d'un côté sont égales, ou à peu près égales, aux branchies de l'autre; et, sous ce rapport de la symétrie de leur appareil respiratoire, les poissons offrent la même constance que les oiseaux.

14. A considérer donc le grand embranchement des animaux vertébrés dans son ensemble, c'est l'inégalité des poumons qui donne le *cas général* pour les mammifères, pour plusieurs reptiles, et c'est, au contraire, l'égalité ou la symétrie qui donne ce *cas général* pour les oiseaux et pour les poissons; mais comme, dans les mammifères mêmes et surtout dans les reptiles, l'égalité ou la symétrie reparaît souvent, on voit que cette symétrie donne donc, en définitive, le cas général ou dominant de l'appareil respiratoire dans cet embranchement.

15. Il en est de même pour les invertébrés, du moins pour tous ceux qui ont un appareil respiratoire bien distinct.

16. D'abord, parmi les mollusques, ceux qui respirent par des branchies ont, pour la plupart, l'appareil symétrique, comme tous les *céphalopodes*, plusieurs *gastéropodes*, plusieurs *acéphales*, etc.

17. Parmi les *gastéropodes*, ceux qui respirent l'air en nature n'ont qu'une cavité pulmonaire ; mais, ce qui est à remarquer, c'est que cette cavité unique est placée sur le milieu du corps, position médiane qui est, en effet, celle que prennent ou que tendent à prendre, de plus en plus, tous les organes vitaux, à mesure que, de pairs ou doubles, ils deviennent impairs ou simples.

18. Comme on devait s'y attendre, c'est surtout dans les *articulés*, où tout le corps est si symétrique, que se voit bien aussi toute la symétrie de l'appareil respiratoire.

19. Ainsi, les branchies des *crustacés* sont complétement symétriques ; rien n'est plus symétrique que les branchies en éventail des *sabelles*, des *serpules*, etc., parmi les *annélides ;* et jusque dans les *insectes*, où la respiration ne se fait plus par un appareil circonscrit dans un lieu déterminé, mais par des *trachées*, ou canaux aériens répandus dans tout le corps, on voit une symétrie parfaite régner, entre les principaux troncs de ces trachées, et surtout entre leurs ouvertures extérieures ou *stigmates*.

§ III.

1. Je passe au *cœur*, et je me borne toujours aux seuls faits principaux.

2. Le premier de ces faits est que, toutes les fois que les divers *cœurs* sont réunis en une seule masse, cette masse est toujours placée vers la ligne médiane du corps. Ainsi, dans l'homme, dans les mammifères, dans les oiseaux, où les deux cœurs ne sont séparés que par une cloison commune, le cœur est placé sur la ligne médiane. De plus, dans tous ces animaux, les deux cœurs sont exactement composés de même, et le *volume* même des deux ventricules, comparés entre eux, est souvent égal.

3. Dans tous les reptiles, soit que leur ventricule, toujours unique, ait deux oreillettes, soit qu'il n'en ait qu'une, comme dans les *batraciens*, cas

où il n'y a plus qu'un cœur, et dans tous les poissons où il n'y a aussi qu'un cœur, le cœur est toujours sur la ligne médiane.

4. Mais, dans les mollusques qui ont plusieurs cœurs séparés, comme les *céphalopodes*, on voit aussitôt ceux de ces cœurs séparés, qui sont doubles, prendre une position latérale. Ainsi, dans ces mollusques *céphalopodes*, il y a deux cœurs pulmonaires, et ils sont latéraux ; il n'y a qu'un cœur aortique, et il est médian.

5. Ainsi encore, dans un autre embranchement, celui des *articulés*, les *crustacés décapodes* ont pareillement trois cœurs, et pareillement les deux cœurs pairs ou semblables sont latéraux, et le cœur impair est médian ; et, dans les autres *articulés* qui, comme les *squilles* et les *arachnides*, n'ont plus pour cœur qu'un vaisseau, ou qui même, comme les *insectes*, n'ont plus ce vaisseau qu'en vestige, ce vaisseau, ce vestige de vaisseau, est toujours situé sur la ligne médiane.

§ IV.

1. Le foie nous offrira une suite de dispositions à peu près pareilles.

2. Dans l'homme, c'est une seule masse, divisée en trois lobes, et occupant surtout l'hypochondre droit.

3. C'est toujours ce même côté droit qu'il occupe principalement, dans les mammifères ; mais, en général, il s'y divise en lobes plus nombreux, plus séparés, et quelquefois même tout-à-fait séparés les uns des autres.

4. Le foie des oiseaux prend une figure plus uniforme : d'abord, il se partage toujours en deux lobes ; ensuite, ces deux lobes sont peu inégaux entre eux ; et enfin, ils sont exactement placés l'un du côté droit, et l'autre du côté gauche.

5. Le foie des oiseaux se compose donc de deux moitiés, et ces deux moitiés sont latérales ou symétriques.

6. Dans les reptiles et les poissons, le cas général est la *non-symétrie ;* et cependant le foie du *crocodile* offre presque autant de symétrie que celui des oiseaux.

7. Les mollusques ont toujours un foie considérable ; il est même assez symétrique dans les *céphalopodes*.

8. La plupart des articulés n'ont plus de foie proprement dit, c'est-à-dire de foie sous forme de *glande conglomérée et compacte*. Mais, comme tout est de la symétrie la plus exacte dans ces animaux, les *cæcums* ou tubes aveugles qui y remplacent le foie, y sont toujours exactement symétriques.

§ V.

1. Le pancréas disparaît encore plutôt que le foie dans la série animale, car il manque dès les mollusques, et même dès les poissons osseux, du moins en tant que glande compacte et conglomérée ; et quoique, en général, il se soustraie à la symétrie, il n'y échappe pourtant pas toujours.

2. Ainsi, dans plusieurs mammifères, comme le *chien*, le *chat*, etc., il est double ; il est pareillement double dans la plupart des oiseaux, et même, dans quelques oiseaux, les deux pancréas sont à peu près égaux.

§ VI.

1. La rate elle-même n'échappe pas entièrement à la symétrie, car on connaît le beau fait des rates multiples du *marsouin*, beau fait que l'on doit à M. Cuvier ; et, ce qui est plus important pour la question que je traite ici, c'est que, dans les oiseaux, la rate se montre exactement placée sur la ligne médiane.

§ VII.

1. Je me borne à rappeler la symétrie connue des appareils sécréteurs de l'urine, du lait, des larmes, de l'appareil générateur, de l'appareil salivaire.

2. Je me borne à rappeler encore la symétrie de plusieurs appareils de sécrétions particulières : des appareils sécréteurs de la soie dans les *chenilles*, des appareils sécréteurs qui règnent le long de la ligne latérale dans les poissons, etc. ; et je me hâte d'arriver aux résultats généraux des faits que je viens de rapprocher.

§ VIII.

1. Le premier de ces résultats généraux est que, à considérer l'ensemble des animaux, les organes de la vie organique sont soumis à la *symétrie* comme ceux de la vie animale.

2. Le second est que les organes de la vie organique se soumettent à la *symétrie*, de la même manière que les organes de la vie animale, c'est-à-dire, ou en se montrant doubles, et alors chaque moitié de l'organe occupe chaque moitié du corps ; ou en se montrant simples, et alors cet organe simple occupe, ou tend, de plus en plus, à occuper la ligne médiane.

3. Le troisième est que la vie organique a donc ses deux côtés, droit et gauche, tout comme la vie animale. De plus, chacun de ces côtés est complet, par rapport à l'autre, dans la vie organique, non moins que dans la vie animale ; car de même, en effet, que, dans la vie animale, chaque côté a ses membres, ses organes des sens, etc., de même, dans la vie organique, à considérer du moins l'ensemble des animaux, chaque côté a son cœur, son foie, son pancréas, son poumon, etc.

4. La vie se compose donc de deux vies ; et chacune de ces vies se compose de deux côtés, de deux moitiés semblables ou symétriques.

5. Et cette *dualité* de la vie, et cette *dualité* des appareils de chaque vie remontent, du moins dans les animaux les plus élevés, jusqu'au système le plus important de l'économie.

6. Dans tous les animaux vertébrés, en effet, il y a deux systèmes nerveux : l'un, le cérébro-spinal, pour la vie animale ; l'autre, le grand sympathique, pour la vie organique ; et, ce qui n'est pas moins remarquable, c'est que le système nerveux de la vie organique, dans tous ces animaux, est double, comme le système nerveux de la vie animale.

7. Ainsi, deux systèmes nerveux, deux vies ; et, pour chaque vie, un système nerveux double, et aussi pour chaque vie, une série complète d'organes ou appareils doubles.

8. Ainsi donc, la vie organique n'est pas moins symétrique, au fond, que la vie animale. Pourquoi donc quelques uns des organes de cette vie

se montrent-ils plus souvent frappés d'irrégularité que ceux de l'autre vie ? C'est là ce qu'il s'agit maintenant de voir.

§ IX.

1. Une des causes qui amènent l'irrégularité des organes vitaux est la forme générale du corps de l'animal; une autre est la mobilité même de ces organes.

2. Par la forme générale du corps, ces organes ont dû souvent être repoussés de leur vraie position; et par leur mobilité, car ils sont suspendus dans le corps plutôt qu'ils n'y tiennent essentiellement, ils ont pu se prêter à ce déplacement.

3. Et ce n'est pas seulement dans la vie organique que la *disposition générale* du corps change quelquefois la position des organes : dans les *pleuronectes*, par exemple, il a suffi d'un simple changement de cette *disposition générale* pour rejeter, comme je l'ai déjà dit (1), les deux yeux de l'animal du même côté du corps.

4. Ainsi donc, toutes les fois que la forme générale du corps ne s'y oppose pas, les organes vitaux, ou prennent une position latérale et symétrique, s'ils sont *doubles*, ou une position médiane et qui n'est pas moins symétrique, s'ils sont *simples;* et le canal digestif est la preuve la plus évidente de la règle que je pose ici.

5. En effet, le canal digestif, en sa qualité d'organe impair ou simple, doit se placer sur la ligne médiane. Or, dans tous les animaux où il est beaucoup plus long que le corps, il a été contraint de se replier, de se contourner sur lui-même, et il semble manquer par là à la position médiane; mais, dès qu'il se montre un animal où il n'est pas plus long que le corps, il prend aussitôt cette position médiane, comme dans la *lamproie*, par exemple.

§ X.

1. En résumé donc, la symétrie des organes de la vie organique tient à

(1) Voyez, ci-devant, la Note de la page 5.

des circonstances essentielles, profondes; et leurs irrégularités, quand il en existe, ne tiennent qu'à des circonstances secondaires et accidentelles.

2. La symétrie, même pour les organes de la vie organique, forme donc la loi générale de l'économie.

TROISIÈME PARTIE.

Du mode selon lequel s'opère l'altération de la symétrie dans les organes de la vie organique.

§ Ier.

1. On vient de voir qu'il n'est aucun organe, même dans la vie organique, qui ne se montre parfaitement *symétrique* dans un animal ou dans l'autre; et qu'ainsi la *symétrie*, même pour ces organes, constitue la *loi générale de l'économie*.

2. Mais d'où vient que ces organes manquent plus souvent à la *symétrie* que ceux de la vie animale? C'est là une question que j'ai à peine indiquée encore, et qu'il importe d'examiner plus complétement.

§ II.

1. On a déjà vu qu'un des principaux caractères des organes dont il s'agit est leur *mobilité*, ou défaut de position fixe; mobilité qui est telle qu'il n'est pas un d'eux qui se montre invariablement assujetti, soit à un côté, soit même à une région du corps.

2. Le *foie*, qui, dans les *mammifères*, occupe principalement le côté droit, occupe principalement le côté gauche dans les *poissons*; il occupe également les deux côtés, dans les *oiseaux*, etc. ; la *rate*, qui occupe le côté gauche dans les *mammifères*, occupe la ligne médiane dans les *oiseaux*, etc.; l'*organe respiratoire*, qui est intérieur dans les *vertébrés aériens*, devient extérieur dans les *poissons*, dans les *mollusques*, etc.; et, une fois devenu extérieur, il parcourt toutes les régions, se plaçant tantôt

sur les deux côtés du corps, comme dans les *phyllidies*, dans les *diphyllides*; tantôt sur les deux côtés du dos, comme dans les *tritonies*; tantôt autour de l'anus, comme dans les *doris*; tantôt de chaque côté de la bouche, comme dans les *sabelles*, dans les *serpules*, etc.

3. On a déjà vu aussi qu'un autre caractère de ces organes est leur *non-adhérence* avec le corps proprement dit; non-adhérence qui est encore telle, que ces organes ne tiennent presque jamais au corps que par un simple intermédiaire.

4. Le *foie* ne tient au corps que par ses *replis suspensoires* ou par ses *vaisseaux*; les *intestins* n'y tiennent que par leur *mésentère*; la *rate* ne tient pas même au corps, mais seulement à l'*estomac*; le *pancréas* ne tient qu'au *duodénum*; les *poumons* sont suspendus et libres dans le thorax, etc.

5. Et l'on conçoit, comme je l'ai déjà dit, que, de cette *mobilité* et de cette *non-adhérence*, il a dû nécessairement résulter que ces organes, bien que tendant sans cesse vers une *disposition symétrique*, n'y parviennent néanmoins qu'autant que les *dispositions* des autres parties s'y prêtent et le permettent.

6. Mais, outre ces deux causes secondaires ou accessoires, il est une première et principale cause pour laquelle les organes de la vie organique manquent plus souvent à la *symétrie* que ceux de la vie animale; et c'est cette cause qu'il faut enfin exposer ici.

§ III.

1. J'ai déjà dit ce que j'entends par *symétrie* dans les organes. Je nomme *symétrique* tout organe, ou tout appareil, qui se compose de *deux moitiés semblables*, s'il est impair ou simple, ou de *deux organes semblables*, s'il est *pair* ou *double*.

2. J'ai déjà rappelé cette remarque très juste de Winslow relativement aux os, savoir « qu'il y a des os qui seuls sont symétriques, ou qui ont une cer- » taine régularité réciproque de côté et d'autre; et que, pour les autres os » qui, pris séparément, n'ont point de symétrie, chacun d'eux, pris avec » celui qui lui répond de l'autre côté, fait une figure régulière. »

3. J'ai fait voir enfin que ce que Winslow dit des os, on peut le dire de tous les autres organes de la vie animale : du *cerveau*, de la *moelle épinière*, qui *seuls sont symétriques*, c'est-à-dire qui ont leurs *deux côtés* ou *moitiés semblables ;* de tous les organes du *mouvement*, de tous les organes des *sens*, dont chacun, *comparé à celui qui lui répond de l'autre côté*, ne fait que le *répéter* et le *reproduire*, etc.

4. La *symétrie* de tout organe tient donc, encore une fois, ou à ce qu'il se compose de *deux moitiés semblables*, s'il est *simple*, ou à ce qu'il se compose de *deux organes semblables*, s'il est *double*. D'où il suit que tout organe *symétrique* est essentiellement *double*, c'est-à-dire *composé de deux parties* qui, *jointes* ou *séparées*, forment ou les *deux moitiés* ou les *deux organes semblables*.

5. Tout organe n'est donc *symétrique* que parce qu'il est *double*, c'est-à-dire que parce qu'il se *répète* ou de chaque côté de lui-même, ou de chaque côté du corps ; et le corps lui-même tout entier n'est *symétrique* que parce qu'il est *double*, et que ses deux côtés *se répètent* et *se reproduisent* (1).

§ IV.

1. Dans la recherche des causes pour lesquelles les organes de la vie organique manquent plus souvent à la *symétrie* que ceux de la vie animale, le premier point est donc de savoir pourquoi tout organe n'est pas toujours *double* dans la vie organique, comme tout organe l'est dans la vie animale ; en d'autres termes, tout organe étant double d'une manière ou de l'autre, c'est-à-dire ou par *parties jointes* ou par *parties séparées*, dans la vie animale, n'y a-t-il pas quelque fait général, quelque fait commun aux deux vies, auquel on puisse rattacher le fait, particulier à la vie organique, de la *simplicité absolue* de certains organes ?

(1) Fait qui a frappé de bonne heure, et avec raison, l'attention des physiologistes. Au fond, l'individu *complétement normal*, c'est-à-dire, comme je l'entends ici, *double dans toutes ses parties*, résulte de la jonction de *deux organismes semblables*, et c'est encore par le concours de *deux organismes semblables* qu'il se perpétue.

2. Tout le monde sait que c'est une loi commune aux organes des deux vies que leur *simplification* ou *dégradation* successive, à mesure qu'on passe d'une espèce à l'autre dans la série animale, en parcourant cette série du bout supérieur à l'inférieur, ou, plus exactement, à mesure que, dans un type donné, on passe des animaux supérieurs aux animaux inférieurs de ce type.

3. Mais comment cette *dégradation* se fait-elle dans les deux vies? C'est là une question qui n'a été examinée encore, du moins avec quelque suite, que pour la vie animale.

4. Tout le monde sait, en effet, que le *squelette*, par exemple, se dégrade des extrémités au centre; qu'il en est de même pour l'*appareil musculaire de la locomotion*, pour les *organes des sens;* et qu'ainsi c'est toujours de l'*extérieur* à l'*intérieur*, ou des *parties accessoires* aux *parties essentielles*, que se fait la *dégradation*, dans la vie animale.

5. Mais ce qu'il importe surtout de remarquer ici, c'est que, dans la vie animale, la *dégradation* avance toujours du même pas pour chaque côté du corps. Si une *extrémité*, si un organe des *sens*, se *dégradent* d'un côté, l'*extrémité* correspondante, l'organe des *sens* correspondant, se *dégradent* également de l'autre; et si cette *extrémité*, cet organe des *sens*, manquent d'un côté, ils manquent également de l'autre. La *dégradation* procède donc *également des deux côtés* dans la vie animale.

6. Or, c'est là ce qui n'est plus dans la vie organique : d'abord, la *dégradation* n'y attaque pas toujours également les deux côtés du corps; et, ensuite, quand il y a défaut complet d'un organe, ce n'est pas toujours des deux côtés que ce défaut a lieu.

7. Ainsi, et comme on l'a déjà vu, il n'est presque pas d'appareil de la vie organique qui, *double* dans la plupart des espèces, ne se montre *simple* dans quelques autres, comme le *poumon* dans quelques *Ophidiens*, dans quelques *Mollusques*, etc.; le *foie* dans les *Mammifères*, etc.; le *cœur* dans les *Poissons*, dans plusieurs *Mollusques*, etc.; l'*ovaire* dans les *Oiseaux*, etc.

8. Et cette réduction d'un appareil *double* à un appareil *simple*, ou de

deux organes à *un*, est si bien le mode de *dégradation* ou de *décomplicatio*
propre à la vie organique, que, de même que pour les organes qui se *dé*
compliquent dans la vie animale, on peut suivre une certaine marche *gra*
duelle et successive, on peut la suivre aussi pour les organes qui se *décon*
pliquent dans la vie organique.

9. Ainsi, et comme on l'a déjà vu encore, parmi les *reptiles ophidien*
quelques uns n'ont qu'un seul *poumon*, comme les *Amphisbènes*, comm
les *Rouleaux*, etc.; mais avant d'arriver à ceux-là, on passe par d'autre
qui ont un *poumon*, plus la *moitié* de l'autre, comme les *Boas;* ou plu
le *tiers* de l'autre, comme les *Ophisaures;* ou plus le *quart* de l'autre
comme les *Scheltopusik*, etc. Ainsi les *Poissons*, les *Mollusques gastér*
podes, etc., n'ont qu'*un cœur*, c'est-à-dire *un seul ventricule et une oreillette*
mais avant d'arriver à ces animaux, on passe par d'autres qui, comme le
Chéloniens, les *Sauriens*, parmi les *Reptiles*, les *Acéphales* parmi les *Mo*
lusques, ont *un ventricule à deux oreillettes*, etc.

10. La réduction d'un appareil *double* à un appareil *simple* constitue don
le mode de *dégradation* propre à la vie organique: et ce mode de *dégrada*
tion explique tout à la fois et pourquoi ces organes ne sont pas toujou
doubles, car il montre que l'un de ces organes peut manquer sans que l'au
tre manque, et pourquoi, même quand ils sont *doubles*, ils ne sont pas tou
jours *égaux* ou *complétement symétriques entre eux*, car il montre que l'u
peut se *dégrader* ou se *décompliquer* sans que l'autre se *dégrade* ou se *dé*
complique.

§ V.

1. Par tout ce qui précède, on voit : 1° que la *symétrie* des organes n'e
autre chose, au fond, que leur *répétition* ou *dualité;* 2° que cette *symétr*
est d'autant plus complète que cette *répétition* ou *dualité* est plus complè
aussi ; 3° et que les organes de la vie organique ne manquent plus souvent à
symétrie que ceux de la vie animale, que parce que le mode de *dégradatio*
qui leur est propre a précisément pour effet de les soustraire à cette *répé*
tition ou *dualité*.

2. On voit, de plus, qu'à considérer l'ensemble des animaux, on peut reconnaître, pour tout organe de la vie organique, trois états distincts : le premier, celui de *développement complet*, et c'est celui où l'organe est *double* et *parfaitement symétrique*; le second, celui de *dégradation plus ou moins marquée*, et c'est celui où l'organe d'un côté est plus ou moins *altéré*, c'est-à-dire plus ou moins *inégal*, plus ou moins *irrégulier* par rapport à l'autre; le troisième, celui de *dégradation complète*, et c'est celui où l'organe d'un côté *avorte* ou *manque complétement;* et l'on voit enfin, à considérer toujours l'ensemble des animaux, qu'aucun de ces organes ne passe jamais de l'un de ces états à l'autre, c'est-à-dire de l'*état symétrique* à l'état *non symétrique*, de l'*état double* à l'*état simple*, que d'une manière graduelle et successive.

3. Tout organe tend donc, si l'on peut ainsi dire, vers un *état complet*, état où il est *double* et *symétrique;* et cette tendance est telle que dans les cas mêmes où il y a défaut complet de l'organe d'un côté à un certain âge, on peut encore, du moins pour certaines espèces, retrouver une trace de cet organe dans un âge moins avancé, comme, par exemple, du second *oviducte* dans les *jeunes oiseaux*, du *lobe gauche du foie*, ou plutôt d'un véritable *foie gauche* dans les *jeunes mammifères*, etc.

4. Tout montre donc que la *symétrie*, ou la tendance à la *symétrie*, constitue l'*essence même*, c'est-à-dire le *cas général* de l'organisme, et que l'*irrégularité* ou *non-symétrie* n'en constitue que le *cas particulier et exceptionnel*.

QUATRIÈME PARTIE.

Des avortements, des soudures, des divisions, et des dégénérescences ou métamorphoses dans le règne animal.

§ Ier.

1. Les *avortements*, les *soudures*, les *divisions*, et les *dégénérescences* ou *métamorphoses* sont, comme je l'ai déjà dit, les quatre *altérations*

subséquentes qui, dans les végétaux, troublent la *symétrie primitive*. Ces quatre *altérations subséquentes* se retrouvent-elles dans les animaux?

2. Examinons successivement cette question pour chacune des *altérations* dont il s'agit.

§ II.

1. On peut regarder comme autant d'exemples d'*avortements préfixes* plusieurs des faits déjà cités dans la troisième partie de ce Mémoire.

2. Dans l'oiseau (1), les deux poumons sont égaux ou à peu près égaux; ils le sont de même dans la grenouille (2), etc.; dans le *bipède lépidopode* (3), l'un des deux poumons est de moitié plus petit que l'autre; dans le *bimane cannelé* (4), l'un des deux poumons n'est plus qu'en vestige: ce dernier vestige de l'un des deux poumons est à peine marqué dans la couleuvre (5).

3. Tout ce que je dis du poumon paraît avec plus d'évidence encore, si on examine le foie. D'abord, le foie de l'oiseau (6) se compose de deux moitiés, de deux lobes à peu près égaux.

4. Ensuite, dans une même espèce donnée, dans l'espèce humaine, par exemple, le foie a deux lobes qui commencent par être égaux (7), qui, plus tard (8), se montrent de plus en plus inégaux, et qui finissent par l'être tout-à-fait.

5. Il y a deux ovaires et deux oviductes dans les mammifères, dans les poissons, dans les reptiles; il n'y a qu'un ovaire et qu'un oviducte dans les oiseaux. Mais, dans les oiseaux mêmes, il y a toujours un vestige, plus ou moins marqué, du second oviducte, de l'oviducte qui avorte (9).

(1) Pl. I, fig. 1.
(2) Pl. I, fig. 2.
(3) Pl. I, fig. 3.
(4) Pl. I, fig. 4.
(5) Pl. I, fig. 5.
(6) Pl. I, fig. 6.
(7) Pl. I, fig. 7.
(8) Pl. I, fig. 8 et 9.
(9) Pl. II, fig. 1.

6. L'orvet n'a plus de membres visibles ; mais il a encore un bassin imparfait (1) ; il a un petit sternum ; il a une omoplate et une clavicule cachées sous la peau.

7. Il y a donc des *avortements préfixes* dans le règne animal ; et ces *avortements* sont, dans ce règne comme dans le règne végétal, l'une des *altérations*, l'une des *causes* qui troublent la *symétrie primitive*.

§ III.

1. Il y a aussi des *soudures préfixes* dans plusieurs espèces du règne animal.

2. L'os du canon, dans les ruminants adultes, ne fait plus qu'un seul os : dans le fœtus, il y avait deux os séparés, deux os dont chacun avait un canal médullaire distinct (2) ; ce n'a été que peu à peu que les deux os se sont soudés l'un à l'autre, et que les deux canaux se sont réunis en un seul.

3. Plusieurs cas de *monstruosité* nous offrent des soudures manifestes : dans les monstres *cyclopes*, les deux yeux sont rapprochés, réunis, *soudés*, quelquefois plus ou moins confondus en un seul (3).

4. Le rein de l'homme qui se compose de plusieurs lobes dans le fœtus, n'est plus composé dans l'homme adulte que d'un seul lobe, etc., etc.

§ IV.

1. Il y a donc des *avortements* et des *soudures préfixes* dans le règne animal, comme dans le règne végétal. Il s'y fait, de même, des *divisions*, des *séparations*, qui chacune ont leurs époques marquées.

2. Les deux oreillettes, qui n'en font qu'une dans le fœtus, se séparent plus tard par une cloison intermédiaire ; l'iris de l'œil se divise et la pupille se forme, etc., etc.

3. Mais, s'il y a dans les animaux, comme dans les végétaux, des cas manifestes d'*avortement*, de *division*, de *soudure*, y a-t-il des cas également

(1) Pl. II, fig. 14.
(2) Pl. II, fig. 11, 12 et 13.
(3) Pl. II, fig. 8, 10 et 9.

manifestes de *dégénérescence* ou *métamorphose?* C'est ici qu'une grande question se présente.

§ V.

1. La *métamorphose* est, comme je l'ai déjà dit, le mécanisme secret par lequel s'opère le développement des végétaux.

2. Goëthe, suivant le développement normal des parties, a vu la feuille se *métamorphoser* en pétale, le pétale en étamine, l'étamine en pistil, toutes les parties les unes en les autres (1).

3. M. De Candolle, suivant une marche inverse, a vu le pistil *dégénérer* en étamine, l'étamine en pétale, le pétale en feuille, etc. (2).

4. La *métamorphose* (3) est donc la grande loi qui règne dans le développement végétal.

§ VI.

1. La *métamorphose* règne-t-elle de même dans le développement animal ?

2. Je commence par remarquer que la plupart des faits, donnés dans le langage commun des physiologistes pour des exemples de *métamorphose*, ne sont réellement pas des *métamorphoses*.

§ VII.

1. M. G. Cuvier, dit, en parlant des modifications qu'éprouve la circulation pulmonaire de la grenouille au moment où l'animal passe de l'état de *têtard* à l'état adulte : « C'est une circulation de poisson *métamorphosée* en une » circulation de reptile (4). » Je crois que l'expression rigoureusement exacte

(1) Voyez mon *Éloge historique* de M. De Candolle.

(2) Voyez mon *Éloge historique* de M. De Candolle.

(3) Le mot *métamorphose* n'est peut-être pas le mot absolument propre. Ce n'est pas ce qui est déjà *feuille* qui se change en *pétale ;* mais ce qui s'est développé en *feuille* dans certaines conditions données, aurait pu se développer en *pétale* dans des conditions tout autres. Il faut en dire autant de la *dégénérescence.* Ce n'est pas ce qui est déjà *pétale* qui se change en *feuille ;* mais ce qui, dans les circonstances ordinaires, se développe en *pétale,* ne se développe, dans d'autres circonstances, qu'en *feuille.*

(4) *Règne animal,* 2ᵉ édition. t. II, p. 102.

serait celle-ci : une circulation de poisson remplacée par une circulation de
reptile , ou celle-ci : une circulation de reptile substituée à une circulation
de poisson (1).

§ VIII.

1. Il y a une idée de Ch. Bonnet qui m'a toujours paru singulièrement heu-
reuse : « Le jaune et les intestins , dit Bonnet , demeurent à l'extérieur du
» poulet presque jusqu'à la fin de l'incubation. Dans ces premiers temps ,
» le poulet paraît donc un animal à deux corps. La tête, le tronc et les
» extrémités composent l'un de ces corps, le jaune et ses dépendances com-
» posent l'autre. Mais, à la fin de l'incubation, la membrane ombilicale se
» flétrit; le jaune et les intestins rentrent dans le corps du poulet... ; et le
» petit animal n'a plus qu'un seul corps (2). »

§ IX.

1. Toutes les parties de la vie organique sont *doubles* dans le fœtus. Il
y a les parties qui agissent pendant la vie fœtale, et les parties qui , durant ce
temps-là, se développent et se préparent pour agir pendant la vie adulte.

2. Il y a ainsi deux appareils de nutrition et deux appareils de respiration
très distincts.

3. Il y a, d'une part, l'appareil de la nutrition fœtale, qui , dans les ovi-
pares, est le *jaune* de l'œuf et la poche, l'intestin intérieur, qui le contient;
et, de l'autre, il y a l'appareil de la nutrition adulte qui est l'intestin ordinaire. Pendant que cet intestin se développe , le *jaune*, le *vitellus*, l'intestin
extérieur le remplace. Et cet *intestin extérieur*, qui, primitivement, était
beaucoup plus grand que l'animal entier, diminue peu à peu et finit par
entièrement disparaître (3).

(1) C'est ce qui sera prouvé dans le tome II de ces *Mémoires*, où je traiterai de la *Physiologie
du fœtus dans l'œuf*.

(2) *Considérations sur les corps organisés.* Neufchâtel , 1779. Tom. III , p. 103.

(3) Pl. II, fig. 2, 3, 4, 5, 6 et 7. Tout ceci sera démontré en détail dans le tome II de ces
Mémoires, lequel, comme je viens de le dire, aura pour objet la *Physiologie du fœtus contenu
dans l'œuf*.

4. Il y a, d'une part, l'appareil fœtal de la respiration : le placent dans les mammifères, la membrane allantoïde dans les oiseaux, les bran chies dans les batraciens; et il y a, de l'autre, l'appareil de la respiratio adulte, ou les poumons (1).

§ X.

1. Il y a donc deux appareils pour toutes les fonctions de la vie organique c'est-à-dire de la vie qui s'exerce dans le fœtus : la vie animale ne s' exerce pas encore.

2. En d'autres termes, la vie organique, la vie a d'autres organes dan l'animal qui est encore fœtus, et d'autres dans l'animal devenu adulte.

3. Le fœtus se nourrit, il respire par des organes propres, qui ne son qu'à lui ; et l'adulte se nourrira et respirera par d'autres organes qui ne ser vaient pas au fœtus.

4. Il y a donc une substitution de certains organes à d'autres, un rem placement de certains organes par d'autres : il y a un véritable *dédouble ment organique*.

5. Il y a comme deux êtres, comme deux corps dans le fœtus. En un seu mot, le fœtus est double; en devenant adulte, il se dédouble.

6. Le développement de l'animal, considéré de ce point de vue, est donc non une *métamorphose* comme le développement du végétal, mais un substitution, un remplacement, un dédoublement véritable. L'insecte n se *transforme* pas, il se *dépouille* ou se *dédouble* (2).

§ XI.

1. L'exposition de cette théorie du *dédoublement* des organes fera l'obje du tome II de ces *Mémoires* : je me borne à l'indiquer ici; et je finis en concluant que, bien que la *métamorphose* se retrouve dans quelques cas,

(1) La démonstration détaillée de tout ceci sera, je le répète, dans le tome II de ces *Mémoires*.

(2) Il y a un moment où la chenille contient le papillon, ou toutes les parties organiques dont i est composé, et où, de plus, elle a tout ce qu'il lui faut pour se nourrir elle-même, se mouvoi par des organes **propres**, etc. L'animal adulte a donc beaucoup moins d'organes que le fœtus.

très déterminés, du développement animal (1), elle n'est cependant ni le mécanisme habituel ni le ressort principal de ce développement.

2. Le développement végétal et le développement animal ont donc chacun leur caractère propre. La *métamorphose* est le caractère du premier ; le caractère du second est le *dédoublement organique*.

(1) Par exemple, dans la transformation du *vitellus* en **embryon** : transformation que nous montre le développement de plusieurs animaux invertébrés. Ce genre de faits sera discuté dans le tome II de ces Mémoires.

EXPLICATION DE LA PLANCHE Ire.

FIG. 1re. Appareil respiratoire du pigeon. On a ouvert la cage thoracique pour montrer la face antérieure des poumons.

a Trachée-artère.

b Bronches. *cc* Poumons.

ddd Cellules par lesquelles l'air s'échappe des poumons.

FIG. 2e. Appareil respiratoire du crapaud commun, vu par sa face antérieure.

a Appareil hyoïdien.

b Anneau cartilagineux situé à l'origine du poumon.

cc Poumons sur lesquels on voit les ramifications vasculaires.

FIG. 3e. Appareil respiratoire du *bipède lépidopode,* vu par sa face antérieure.

a Trachée-artère se divisant en *b* en deux branches.

c Poumon droit.

c' Poumon gauche.

FIG. 4e. Appareil respiratoire du bimane cannelé du Mexique, vu par sa face antérieure.

a Trachée-artère.

b Lieu de la division de la trachée en bronches.

c Poumon droit.

c' Poumon gauche.

FIG. 5e. Appareil respiratoire de la couleuvre à collier (coluber natrix), vu par sa face antérieure.

a Trachée-artère.

b Division de la trachée-artère se rendant à *c'* le poumon rudimentaire.

c Poumon principal.

d Artère pulmonaire.

FIG. 6e. Poulet au moment de la naissance : on l'a ouvert pour montrer l'intérieur des cavités thoracique et abdominale.

a Lobe droit.

b Lobe gauche du foie.

FIG. 7e. Fœtus humain âgé de trois mois : on l'a ouvert pour montrer l'intérieur de la cavité abdominale.

a Lobe droit.

b Lobe gauche du foie.

c Ligament suspenseur.

d Ouverture des vaisseaux ombilicaux.

Fɪɢ. 8°. Fœtus humain âgé de sept mois : on l'a ouvert pour montrer l'intérieur de la cavité abdominale.

a Lobe droit.

b Lobe gauche du foie.

c Ligament suspenseur.

d Ouverture des vaisseaux ombilicaux.

Fɪɢ. 9°. Foie avec son appareil circulatoire dans un fœtus humain à terme, vu par sa face postérieure.

a Lobe droit dont une portion a été enlevée.

b Lobe gauche dont une portion a été également enlevée.

c Oreillette droite du cœur.

d Tronc de la veine cave inférieure.

ee Veines sus-hépathiques.

f Canal veineux.

g Veine ombilicale.

h Veine hépatique.

i Veine porte.

k Tronc de l'artère hépatique relevé.

l Artère hépatique gauche.

l' Artère hépatique droite.

l" Artère cystique.

l''' Autre branche de l'artère hépatique.

m Vésicule biliaire.

n Conduit cystique.

o Conduit hépatique.

p Canal cholédoque.

PLANCHE II.

Fig. 1re. Organes générateurs de la poule.

> *a* Ovaire unique situé presque sur la ligne médiane.
>
> *b* Oviducte gauche.
>
> *c* Pavillon de l'oviducte.
>
> *d* Cloaque.
>
> *e* Rectum.
>
> *f* Oviducte droit atrophié.
>
> *gg'* Uretères.

Fig. 2e, 3e, 4e, 5e, 6e, 7e Ces six figures sont destinées à montrer la résorption de la vé sicule ombilicale dans des poulets examinés 16 heures (fig. 2e), 90 heure (fig. 3e), 8 jours et 18 heures (fig. 4e), 9 jours et 18 heures (fig. 5e), 21 jour (fig. 6e), après la naissance. La figure 7e représente un intestin de poul adulte.

> *a* Anse de l'intestin grêle.
>
> *b* Vésicule ombilicale.
>
> *c* Pédicule de la vésicule ombilicale.
>
> *d* Vaisseaux omphalo-mésentériques.

Fig. 8e et 9e. Têtes de fœtus humain, la première d'environ un mois de conception la seconde à terme, et toutes deux présentant la monstruosité dite cyclopie.

> *a* Œil droit.
>
> *a'* Œil gauche.
>
> *b* Bandelette cutanée séparant les deux yeux.
>
> *c* Trompe.
>
> *d* Ouverture de la bouche.

Fig. 10e. La cavité orbiculaire de la tête représentée dans la fig. 9e, vue isolément e montrant que les deux yeux ne sont point confondus en un seul.

> *a* Œil droit.
>
> *a'* Œil gauche.
>
> *bb'* La bandelette cutanée présentant deux couches superposées.

Fig. 11e. Métatarse ou canon postérieur droit d'un fœtus de cerf.

> *a* Intervalle qui sépare les deux portions de cet os.

Fig. 12°. Métacarpe ou canon antérieur gauche d'un fœtus de cerf coupé transversalement dans sa partie moyenne pour montrer les deux canaux osseux.

aa' Intervalle osseux qui sépare les deux portions de l'os.

bb' Portion coupée, vue par la tranche, et montrant les deux canaux.

cc' Les mêmes complétement séparés.

d Épiphyse supérieure séparée.

Fig. 13°. Métacarpe ou canon droit d'antilope adulte.

a Ligne rugueuse qui a remplacé l'intervalle qui existait, dans le fœtus, entre
les deux os.

b Cavité médullaire unique.

Fig. 14°. Bassin rudimentaire de l'orvet.

II.

EXPÉRIENCES

SUR LE

MÉCANISME DE LA RUMINATION.

PREMIÈRE PARTIE.

§ I.

1. Le mot *rumination* désigne, comme chacun sait, la faculté singulièr
qu'ont certains animaux, nommés *ruminants* à cause de cette faculté même
de ramener à la bouche, pour les mâcher et les avaler une seconde fois, le
aliments qu'ils avaient déjà mâchés et avalés une première (1).

2. *L'animal ruminant* déglutit une première fois l'aliment qu'il a à pein

(1) Je change un peu, comme on voit, l'acception commune du mot *ruminer*, laquelle le fait s
nonyme du mot *remâcher*. Ce qu'il y a d'essentiel, de particulier dans la *rumination*, c'est, éviden
ment, le *retour des aliments à la bouche*; et c'est aussi à ce *retour des aliments à la bouche* q
j'applique plus particulièrement le mot *rumination*. J'ai été précédé en cela par Camper.

« Ruminer ou remâcher est, dit Camper, un mot dont l'application est fausse, en ce qu'il donne
» entendre que l'animal mâche une seconde fois les aliments ; car le gros bétail, les moutons, l
» chèvres, les cerfs, les chameaux, etc., commencent tous par couper l'herbe, le foin ou la paill
» qu'ils avalent sans les mâcher ; c'est-à-dire qu'ils ne font pas comme les chevaux qui broient len
» tement leur fourage entre leurs molaires......» Et, remontant au mot grec, il montre que ce mo
pris ici dans son vrai sens, signifie : reporter vers en haut, *revolvere* (reporter vers l'endro
d'où sont venus les aliments que l'animal avait d'abord avalés), et non pas remâcher, *remander*
OEuvres qui ont pour objet l'histoire naturelle, la physiologie et l'anatomie comparée. Pari
1803, t. III, p. 49.

mâché ; il ramène ensuite cet aliment à la bouche pour le mâcher ou broyer plus complétement ; et, après l'avoir ainsi mâché ou broyé, il le déglutit une seconde et dernière fois.

3. Un pareil animal *mange* donc, à proprement parler, deux fois le même aliment ; il le *mâche* deux fois ; il le *déglutit* deux fois ; et, de plus, il le *vomit*, ou le ramène à la bouche, d'une manière régulière et déter-minée, entre l'une et l'autre déglutition.

4. Or, on verra bientôt que toutes ces circonstances, qui rendent si re-marquable la manducation de cet animal, tiennent à la structure même de ses estomacs. L'aliment est *dégluti une première fois* : c'est qu'il y a des esto-macs distincts où il va, lors de cette première déglutition ; il est *vomi* ou *rejeté*, ou, plus exactement, il est ramené à la bouche d'une manière *régulière et déterminée* : c'est qu'il y a dans les estomacs un organe particulier qui règle et détermine cette réjection ; il est *dégluti une seconde fois* : c'est qu'il y a d'autres estomacs, différents des premiers, où il va lors de cette seconde déglutition ; enfin il est *soumis à une seconde mastication* : c'est que la première ne l'avait pas assez divisé pour que, vu le mode de communication des premiers estomacs avec les derniers, il pût, sans une seconde mastication, c'est-à-dire sans une division plus complète, passer des uns dans les autres.

§ II.

1. On voit déjà combien le mécanisme du phénomène qui nous occupe est complexe ; mais, ce qu'on ne saurait croire, c'est à quel point la dé-termination de ce mécanisme est rendue obscure par la disposition singulière des organes qui le produisent.

2. Les *animaux ruminants* ont tous quatre estomacs, et chacun de ces estomacs a une structure propre, d'où l'on peut conclure que chacun a un rôle distinct : mais quel est ce rôle ? C'est là ce que la disposition même de ces divers estomacs, soit entre eux, soit avec l'œsophage, semble avoir eu pour objet de cacher à l'observateur.

3. D'abord, deux de ces estomacs, le premier et le second, sont placés parallèlement l'un à l'autre, ou au niveau l'un de l'autre, et l'œsophage se

rend , presque également, dans les deux. Ensuite , l'œsophage se contin
en une gouttière ou demi-canal ; et ce demi-canal se rend presque égal
ment encore dans deux estomacs , le second et le troisième. Enfin, tout
ces parties, l'œsophage , le demi-canal de l'œsophage, le premier, le s
cond, le troisième estomac, toutes ces parties non seulement commun
quent entre elles , mais elles communiquent toutes par un point commu
point où se trouve le demi-canal de l'œsophage , et vers lequel s'ouvrent
aboutissent les trois estomacs.

4. Or, je viens de dire que *les aliments sont déglutis une première fo*
Dans lequel des deux premiers estomacs vont-ils, lors de cette *première d
glutition?* La disposition anatomique ne décide pas la question , car l'œs
phage ou le canal qui conduit les aliments se rend à peu près également
dans les deux.

J'ai dit ensuite que *les aliments sont rejetés ou ramenés à la bouch*
quelles sont les parties qui déterminent cette réjection? La disposition ar
tomique ne décide pas davantage cette seconde question, car toutes les parti
qui peuvent y concourir, ou que l'on a tour à tour supposées y concouri
c'est-à-dire l'œsophage , le demi-canal de l'œsophage , le premier, le seco
estomac, toutes ces parties aboutissent au même point, au point même
le phénomène de la réjection s'opère.

J'ai dit enfin que *les aliments*, après avoir été ramenés à la bouche
mâchés, *sont déglutis une seconde fois :* dans lequel des deux seconds estoma
vont-ils lors de cette déglutition? C'est ici la troisième question , et toujou
la même difficulté revient, et la disposition anatomique est toujours muett
car le demi-canal de l'œsophage qui conduit alors, du moins en grande pa
tie , les matières alimentaires , se rend à peu près également dans les de
seconds estomacs (le second et le troisième), comme l'œsophage dans les de
premiers (le premier et le second).

5. La disposition anatomique laisse donc tout dans le doute, et le li
précis où vont les aliments , lors de la première déglutition , et les parti
qui déterminent leur réjection , et le lieu où ils se rendent lors de leur s
conde et définitive déglutition.

6. Aussi, parmi les auteurs qui se sont occupés du mécanisme de la *rumination*, n'en est-il presque aucun dont l'opinion ne diffère, sur les points les plus importants, de l'opinion des autres.

7. Selon Haller, les aliments *ruminés* ou de la *seconde déglutition* (car, pour les aliments *non ruminés* ou de la *première déglutition*, tout le monde convient qu'ils vont dans le premier estomac), les aliments *ruminés* ou de la *seconde déglutition* reviennent dans le premier estomac même (1); ils vont dans le second, selon Perrault (2), selon Toggia (3); ils passent immédiatement dans le troisième, selon Daubenton (4), selon Camper (5). Enfin, quant aux parties qui déterminent la *réjection* des aliments, c'est le pre-

(1) *In ore (cibus) secundo manducatur, et iterum deglutitur, inque primum et secundum ventriculum redit, in utroque macerandus. Elementa physiologiæ, etc.*, t. VI, p. 293. Lausannæ, 1777.

(2) « Ces animaux, dit Perrault, prennent leur nourriture fort à la hâte, et la mettent dans leur
» premier ventricule, qui est comme un sac, duquel ils la font revenir dans la bouche, pour la
» mâcher à loisir et pour l'avaler une seconde fois, et la faire passer non seulement dans un se-
» cond, dans un troisième, et dans un quatrième ventricule, mais dans de longs intestins..... »
OEuvres de physique et de mécanique, t. II, p. 433. Amsterdam, 1727. Au reste, Perrault se fait si peu une idée juste de la rumination que, comme Duverney, dont je parlerai tout-à-l'heure, il compte le lièvre parmi les animaux qui ruminent. « La plupart de ces animaux, dit-il, tels que sont les cerfs, les daims, les chevreuils, les lièvres..... » *Ibid.*, p. 430.

(3) *Explication des principaux phénomènes que présente la digestion des ruminants et particulièrement la rumination.* — « Ces aliments, dit Toggia, après un séjour plus ou
» moins long dans la panse, sont repoussés dans la bouche par un mouvement antipéristaltique de
» cet estomac, pour y être remâchés, brisés nouvellement et réduits en parties très fines ; après
» quoi ils sont poussés-dans le demi-canal qui conduit dans le *bonnet* ou second estomac pour y
» être digérés. » P. 10. — Voyez encore sur le phénomène de la rumination : Peyer, *Merycologia, sive de ruminantibus et ruminatione Commentarius*, etc. — Brugnone, *Des animaux ruminants et de la rumination.* — Girard, *Traité d'anatomie vétérin.*, t. II (*Mém. sur la rumination*) ; etc., etc.

(4) *Mémoire sur la rumination et sur le tempérament des bêtes à laine* (Mém. de l'Acad. roy. des Sc., année 1768). « Lorsque, dit-il, la pelote repasse dans l'œsophage, au sortir de la
» bouche, la gouttière se trouve fermée par l'action de ces muscles, et la pelote arrive dans le
» feuillet, sans pouvoir entrer dans la panse ni dans le bonnet. » P. 392.

(5) « Le grand Haller, dit Camper, paraît s'écarter de la bonne route lorsqu'il avance que les
» aliments ruminés doivent être détrempés de nouveau dans la panse, avant qu'ils passent dans le
» feuillet. » Camper, *OEuvres qui ont pour objet l'Hist. nat., la Physiol. et l'Anat. comp.*,
t. III, p. 70. Comme Duverney, comme Perrault, Camper place le lièvre parmi les animaux qui ruminent. « Les lièvres, les lapins, les marmottes et quelques autres animaux qui ont deux dents par en
» haut et deux dents par en bas, sont pareillement doués, dit-il, de cette faculté. » *Ibid.*, p. 52. Aussi ne se fait-il encore de la rumination que des idées bien confuses. « Tous ces animaux, dit-il,
» commencent par se remplir l'estomac ; ensuite, par un mécanisme singulier qui diffère cependant

mier estomac, selon Duverney (1), selon Chabert (2); c'est le second, se[l]
Daubenton (3); c'est le demi-canal de l'œsophage, selon Perrault (4), c

8. La divergence la plus complète règne donc entre les auteurs, et ce
divergence s'étend à toutes les parties du phénomène : aussi Bourgel[at]
l'un des derniers qui aient écrit sur le mécanisme de la *rumination*, di[t]
de tous ceux qui l'ont précédé : « Qu'ils semblent avoir été effrayés à l'asp[ect]
» des difficultés attachées à la découverte de ce mécanisme.... et que
» rapidité du coup d'œil qu'ils ont jeté sur l'objet ferait présumer qu'i[l]
» été pour eux inaccessible ; » et il ajoute : « Qu'il ne propose lui-même s[es]
» idées que comme des doutes ou comme de simples conjectures (5). » Malg[ré]
quelques travaux estimables qui ont paru depuis ce célèbre vétérinai[re]

» beaucoup du vomissement, ils font rentrer successivement une partie des aliments dans leur b[ou-]
» che, les broient fort long-temps entre les molaires, et les avalent ensuite une seconde fois, p[our]
» les porter dans un estomac particulier, ou bien dans une autre partie du même estomac lo[rs-]
» qu'ils n'en ont qu'un seul. » *Ibid.*, p. 55. *Lorsqu'ils n'en ont qu'un seul :* ceci se rapporte à
qu'il vient de dire, savoir : que les lièvres et les lapins ruminent. Tout le monde sait aujourd'[hui]
qu'il n'y a que les animaux à quatre estomacs qui ruminent, et Galien l'avait déjà dit.... : *Si q[ui]
canibus quatuor esse ventres affirmaverit, unicum vero ruminantibus, hunc illi qui in ru[mi-]
nantibus quatuor, et unum in canibus inspexere, facile deridebunt.* **Comm. 2. in lib. hipp.**
Nat. human.

(1) « La multiplicité des estomacs, dit Duverney, n'est pas nécessaire à la rumination ; il est a[isé]
» de prouver qu'il n'y a que le premier qui soit le véritable instrument de la rumination : les aut[res]
» ne servent qu'à perfectionner la cuite des aliments ; c'est pour cela qu'on ne doit pas exclure [les]
» lièvres et les lapins du nombre des animaux qui ruminent. » T. II, p. 434.

(2) *Des organes de la digestion dans les ruminants, etc.* Paris, 1797. « La panse, dit Chabe[rt,]
» peut et doit même être regardée comme le seul estomac qui concoure à l'acte de la rumination[. »]
P. 77.

(3) « J'ai fait voir, dit Daubenton, comment le bonnet détache une partie de la masse d'herb[es]
» contenue dans la panse, comment il l'arrondit en forme de pelote et l'humecte en la compr[i-]
» mant.... » *Mémoire cité*, p. 392. « Ce viscère (le bonnet), dit-il encore, se contracte, envelop[pe]
» la portion alimentaire qu'il reçoit, en fait une pelote par sa compression, et l'humecte avec l'e[au]
» qu'il répand de sus en se contractant : la pelote, ainsi arrondie et humectée, est disposée à e[n-]
» trer dans l'œsophage.... » *Ibid.*, p. 391.

(4) « Cette conformation (du demi-canal), dit Perrault, peut avoir plusieurs usages ; car elle pe[ut]
» servir premièrement à faire retourner dans la bouche les herbes qui y doivent être remâchée[s,]
» et à composer des pelotons que l'on voit remonter le long du col aux bœufs quand ils ruminen[t ;]
» ce demi-canal, avec ses rebords, étant comme une main ouverte qui prend les herbes, et qui, [en]
» fermant, les serre et les pousse en haut. » *Ouv. cité*, t. II, p. 437.

(5) Bourgelat, *Éléments de l'art vétérinaire*, t. II (*Recherches sur le mécanisme de la ru-*
mination).

on peut dire qu'on en est absolument encore aujourd'hui, sur tout ce qui tient au mécanisme de la *rumination*, à douter et à conjecturer comme lui.

9. Cependant on conviendra qu'il est peu de phénomènes, soit en physiologie générale et comparative, soit en physiologie vétérinaire, dont le mécanisme soit plus curieux et plus important à connaître; et, par conséquent, il m'a paru qu'il méritait bien que l'on entreprît enfin de le déterminer par la voie expérimentale.

10. J'ai donc soumis à de nombreuses expériences chacune des diverses parties qui concourent à la *rumination*, pour m'assurer de l'action distincte et du rôle particulier de chacune d'elles.

§ III.

1. J'ai déjà dit que les *animaux ruminants* ont quatre estomacs : le premier se nomme la *panse;* le second, le *bonnet;* le troisième, le *feuillet;* et le quatrième, la *caillette.*

J'ai déjà dit aussi que chacun de ces estomacs se distingue par une structure propre. Cette diversité de structure porte principalement sur la membrane interne (1) : présentant de grosses papilles dans la *panse;* de petites lames disposées en mailles polygones, ou en réseau, dans le *bonnet;* de grandes lames longitudinales régulièrement adossées les unes aux autres dans le *feuillet;* et de simples rides, ou replis irréguliers plus ou moins étendus, dans la *caillette.*

J'ai déjà dit enfin que l'œsophage de ces animaux se continue en une gouttière ou demi-canal. Ce demi-canal traverse le *bonnet*, et il s'étend de l'œsophage jusqu'au *feuillet.*

2. D'un autre côté, et quant au phénomène même de la *rumination*, j'ai déjà dit que ce phénomène, pris dans son ensemble, se compose de plusieurs phénomènes distincts, savoir : la *première déglutition* des aliments, leur *réjection* ou retour à la bouche, leur *double mastication*, et leur *seconde* ou *définitive déglutition*.

(1) Voyez, pour la structure de cette membrane interne, mon *Anatomie générale de la peau et des membranes muqueuses.* Paris, 1843, p. 62.

3. Ainsi, d'un côté, l'appareil de la *rumination* se compose de plusieurs parties ; il s'agit de savoir quel est le rôle propre de chacune de ces parties. D'un autre côté, le phénomène total de la *rumination* se compose de plusieurs phénomènes partiels ; il s'agit de savoir quel est le mécanisme particulier de chacun de ces phénomènes. En d'autres termes, et en faisant abstraction de la *mastication*, fonction d'un genre totalement distinct, qui fait partie de la *rumination*, mais qui ne se lie pas essentiellement à son mécanisme, c'est-à-dire au jeu même des estomacs , il y a une *première déglutition*, il s'agit de savoir quels sont les estomacs où vont les aliments lors de cette *première déglutition;* il y a une *réjection* des *aliments*, il s'agit de savoir quelles sont les parties qui déterminent cette *réjection;* enfin il y a une *seconde déglutition*, il s'agit de savoir quels sont les estomacs où vont les aliments lors de cette *seconde déglutition.*

4. La théorie du mécanisme de la *rumination* comprend donc trois questions : la première, quels sont les estomacs où vont les aliments lors de la *première déglutition;* la seconde, quelles sont les parties qui déterminent leur *réjection;* et la troisième , quels sont les estomacs où ils vont lors de leur *seconde déglutition.* Et, comme l'une et l'autre *déglutition* des aliments sont des phénomènes du même genre, tandis que leur *réjection* constitue un phénomène d'un genre tout différent, j'intervertirai un peu l'ordre des trois questions que je viens de poser : je traiterai du mécanisme des deux *déglutitions* à la suite l'une de l'autre, et j'en ferai ainsi mes deux premières questions ; je ne traiterai qu'après, et à part, du mécanisme de la *réjection*, et j'en ferai ainsi ma troisième et dernière question.

§ IV.

PREMIÈRE QUESTION.

Détermination des estomacs où vont les aliments, lors de la première déglutition *, ou avant la* rumination.

1. Je fis manger des herbes à un mouton (c'était de la luzerne fraîche), et je l'ouvris immédiatement après, c'est-à-dire avant la *rumination.*

Je trouvai la plus grande partie de ces herbes, très reconnaissables à leurs feuilles presque tout entières, dans la *panse;* mais j'en trouvai aussi une partie notable, et qui n'était pas moins reconnaissable à ses feuilles également presque tout entières, dans le *bonnet.* Quant au *feuillet* et à la *caillette,* ni l'un ni l'autre de ces deux estomacs n'en contenait.

2. J'ai répété cette expérience un très grand nombre de fois, avec des herbes de plusieurs espèces, et le résultat a été constamment le même. Les herbes vont donc également (à la seule proportion près, beaucoup plus grande dans la *panse* que dans le *bonnet*) dans les deux premiers estomacs, lors de la *première déglutition;* et elles ne vont alors ni dans le *feuillet* ni dans la *caillette.*

3. Il s'agissait de voir s'il en serait de toute autre espèce d'aliments comme des herbes.

4. Je fis manger de l'avoine à un mouton, et je l'ouvris encore immédiatement après, c'est-à-dire toujours avant la *rumination.*

Je trouvai la plus grande partie des grains de cette avoine, tout entiers, dans la *panse;* mais j'en trouvai aussi une partie notable dans le *bonnet;* et ils étaient tout entiers dans le *bonnet,* comme dans la *panse.* Du reste, ni le *feuillet* ni la *caillette* n'en contenait un seul grain.

5. J'ai répété un très grand nombre de fois cette expérience, et avec toutes sortes de grains, des grains de seigle, d'orge, de blé, d'avoine, etc. : toujours le résultat a été le même. Les grains, comme les herbes, vont donc dans les deux premiers estomacs, et ils ne vont que dans les deux premiers estomacs lors de la *première déglutition.*

6. L'espèce de l'aliment ne changeant rien à sa marche, il fallait voir si sa grosseur n'y changerait rien non plus.

7. Je fis avaler de gros morceaux de carotte, longs à peu près d'un demi-pouce à un pouce, à trois moutons ; et, pour que l'animal ne les broyât pas avant de les avaler, je les lui portai jusque dans le pharynx, au moyen d'un tube de fer.

Sur l'un de ces moutons, je trouvai tous les morceaux de carotte dans la *panse;* le *bonnet* n'en contenait point. Mais, sur les deux autres, je trouvai

de ces morceaux de carotte dans le *bonnet* comme dans la *panse ;* et, sur au
cun d'eux, je n'en trouvai ni dans le *feuillet* ni dans la *caillette.*

8. Le volume plus ou moins grossier de l'aliment ne changeant rien
sa marche, pas plus que son espèce, il ne restait qu'à voir ce que ferai
l'état inverse de cet aliment, c'est-à-dire son volume plus ou moins dimi
nué ou atténué.

9. Je fis réduire une certaine quantité de carottes en une bouillie fine
Je fis avaler ensuite cette bouillie à deux moutons, et je les ouvris immédiatement après.

Je trouvai la plus grande partie de cette bouillie, soit dans la *panse,* soi
dans le *bonnet* de ces deux moutons; mais j'en trouvai aussi une partie
notable dans le *feuillet* et dans la *caillette.*

10. Ainsi, 1° les aliments vont également, à la seule proportion près
beaucoup plus grande dans la *panse* que dans le *bonnet,* dans les deux
premiers estomacs lors de la *première déglutition;* 2° ils y vont également
quelle qu'en soit l'espèce, quel qu'en soit le volume plus ou moins grossier; 3° ils ne vont jamais alors ni dans le *feuillet* ni dans la *caillette,*
moins qu'ils ne soient réduits en une bouillie fine, et, dans ce cas même
ils n'y vont, du moins immédiatement, qu'en partie.

§ V.

1. J'ajoute, comme une remarque générale et qui s'applique à toutes les
expériences qui précèdent, que j'ai toujours trouvé, soit dans la *panse*,
soit dans le *bonnet,* mêlés aux aliments que l'animal venait d'avaler
beaucoup d'autres aliments, plus ou moins secs et grossiers, ou atténués e
fluides, et par conséquent d'une digestion comme d'une déglutition plus ou
moins ancienne.

2. Il y a même une proportion inverse assez constante entre ces deux espèces
d'aliments, dans la *panse* et dans le *bonnet;* c'est-à-dire que les aliments
secs et *grossiers* sont presque toujours en plus grande quantité, par rapport aux aliments *atténués* et *fluides* dans la *panse,* et que ceux-ci sont pres-

que toujours , au contraire , en plus grande quantité par rapport aux autres dans le *bonnet*.

3. Je reviendrai plus tard sur ces deux faits : pour le moment, on voit que les aliments vont dans les deux premiers estomacs, et, sauf le cas particulier des aliments réduits en bouillie, dans les deux premiers estomacs seuls, lors de la *première déglutition*.

4. Je passe à la détermination des estomacs où ils vont lors de la *seconde déglutition* ou après la *rumination*.

§ VI.

SECONDE QUESTION.

Détermination des estomacs où vont les aliments lors de la seconde déglutition *ou après la* rumination.

1. Jusqu'ici le point de la difficulté était simple. Il ne s'agissait que de savoir quels sont les estomacs où va l'aliment au moment où il est *dégluti pour la première fois ;* et comme , ainsi qu'on vient de le voir, il est à peine altéré lors de cette *première déglutition* , rien n'était plus aisé que de le reconnaître, quel que fût l'estomac où on le trouvât, et par conséquent aussi rien n'était plus aisé que de déterminer quels sont les estomacs où il va.

2. Mais il n'en est pas , à beaucoup près, de même pour l'*aliment ruminé* ou de la *seconde déglutition*. D'abord, cet aliment est plus ou moins ramolli, plus ou moins macéré par son séjour dans les deux premiers estomacs ; il est ensuite plus ou moins divisé, plus ou moins broyé par la seconde mastication , etc. ; et c'est pourtant cet aliment, ainsi altéré, qu'il s'agit de reconnaître dans les divers estomacs où il peut aller.

3. Or, il est évident qu'il ne peut y avoir que deux manières d'arriver à cette *reconnaissance* ou *détermination*. Ou il faut un caractère auquel on puisse reconnaître avec certitude l'*aliment ruminé*, quel que soit l'estomac où on le trouve ; ou , à défaut d'un pareil caractère au moyen duquel on puisse le reconnaître *une fois qu'il est parvenu dans les estomacs*, il faut

des expériences qui permettent de le suivre dans chaque estomac, et de le suivre dans chacun de ces estomacs *au moment où il y arrive*.

4. Jusqu'ici tous les auteurs sont partis de la supposition que l'*aliment ruminé* a un caractère qui le distingue de toute autre espèce d'aliment ; et dès lors les expériences les plus simples et les plus superficielles leur ont paru suffisantes pour déterminer quels sont les estomacs où il va.

Aussi toutes leurs expériences sont-elles du même genre. Ils se sont tous bornés à faire manger des herbes, du foin, etc., à des animaux, à ouvrir ensuite ces animaux, tantôt avant, tantôt après la *rumination*, et à juger, par l'apparence *ruminée* ou *non ruminée* des aliments trouvés dans chaque estomac, du rôle particulier de cet estomac dans la *rumination*.

5. Toute la certitude de leurs résultats porte donc sur l'apparence *ruminée* ou *non ruminée* de l'aliment, c'est-à-dire sur la distinction de l'aliment *ruminé* d'avec l'aliment *non ruminé*, et suppose par conséquent la certitude même de cette distinction. Or, si l'on examine quel est le caractère sur lequel les auteurs fondent cette distinction, on voit qu'ils appellent *aliment non ruminé* tout aliment *grossier* ou d'un *certain volume*, et *aliment ruminé* tout aliment *réduit à un certain état d'atténuation ou de division* ; et cette nomenclature, fondée sur un caractère aussi vague, une fois admise, rien n'est plus aisé que d'expliquer la plupart de leurs divergences.

Ainsi, et pour m'en tenir encore aux deux premiers estomacs, on vient de voir que la *panse* et le *bonnet* contiennent presque toujours, mêlés à des aliments *secs* et *grossiers*, des aliments plus ou moins *atténués* et *fluides*, et l'on verra plus tard que, dans quelques cas, et selon le régime de l'animal, ils peuvent ne contenir que des aliments de l'une ou de l'autre de ces deux espèces, ou *secs* et *grossiers*, ou *atténués* et *fluides* ; et l'on conçoit que, selon le cas particulier observé par chaque auteur et leur nomenclature commune une fois donnée, chacun a pu en tirer une conclusion opposée à la conclusion des autres.

Par exemple, la *panse* contient souvent, outre les aliments *secs* et *grossiers*, des aliments réduits à un certain état de *débris* ou de *division* : Haller, qui aura plus particulièrement remarqué ces débris, en conclut que les *ali-*

ments ruminés reviennent dans la *panse ;* le *bonnet* ne contient quelquefois que des aliments *grossiers :* ceux qui ont rencontré ces cas en ont conclu que le *bonnet* ne contient que des *aliments non ruminés :* il ne contient quelquefois que des aliments *fluides* et *atténués*, et ceux qui ont rencontré ces cas en ont conclu qu'il ne contient que des *aliments ruminés*, etc.

6. Il faut considérer d'abord que la seule *division* ou *atténuation* de l'aliment ne prouve pas toujours qu'il a été *ruminé* : il est certains aliments que les seules forces (1) de la panse suffisent pour *atténuer* et *diviser;* par conséquent, de cela seul que l'aliment trouvé dans tel ou tel estomac est plus ou moins *divisé* ou *atténué*, on ne peut pas toujours conclure qu'il est *ruminé ;* et par conséquent aussi des expériences qui, de quelque façon qu'on les combine, ne peuvent jamais apprendre autre chose que ce seul fait, savoir, qu'après la mort de l'animal, on a trouvé dans tel ou tel estomac des aliments plus ou moins *divisés* ou *atténués*, ne sauraient conduire à la détermination précise de la marche que suit l'*aliment ruminé* ou de la *seconde déglutition*.

7. Mais, pour la marche même de l'*aliment non ruminé* ou de la *première déglutition*, on a vu que cet aliment va dans les deux premiers estomacs : mais va-t-il *immédiatement* dans ces deux estomacs? ou bien ne va-t-il dans le *bonnet* qu'après avoir passé par la *panse?*

8. C'est là une difficulté qui en paraît à peine une ; et cependant il est aisé de voir, pour peu qu'on y réfléchisse, que des expériences du genre de celles dont il s'agit, quelque multipliées qu'on les suppose, ne sauraient résoudre cette difficulté.

---

(1) La *force contractile* de la *panse* est surtout marquée, comme on le verra plus loin, dans les points où règnent ses *replis* musculeux internes. Des grains d'avoine, directement introduits dans la *panse* au moyen des *anus artificiels*, dont il va être question, d'abord s'y *gonflent*, et s'y *ramollissent*, au point que leur pulpe intérieure devient fluide comme du lait; puis ils s'y *dépouillent de leurs enveloppes ;* et enfin ces enveloppes elles-mêmes s'y *réduisent peu à peu en fragments* ou *débris*. Et cette *réduction* ou *division* a lieu sans le concours de la *rumination* (ou, plus exactement, de la *seconde mastication*, qui suit la *rumination* proprement dite, c'est-à-dire le retour des aliments à la bouche) ; car, dans toutes les expériences où j'ai voulu juger de la *force contractile* de la *panse*, j'ai toujours commencé par lier l'œsophage, pour que l'animal ne *ruminât* plus.

Dans toutes ces expériences, en effet, ce n'est pas pendant que la *déglu-tition* s'opère, mais seulement un certain temps après qu'elle est opérée, après, par conséquent, que le passage de l'aliment d'un estomac dans l'autre a pu s'opérer aussi, après même que d'autres phénomènes ont pu succéder à ces deux-là, après la mort de l'animal enfin, qu'il est permis à l'expérimentateur de pénétrer jusqu'aux estomacs, siége où se sont passés tous ces phénomènes.

9. Ainsi donc, et soit pour les aliments de la *première déglutition*, soit surtout pour les aliments de la *seconde déglutition*, on voit qu'il s'agissait bien moins de répéter et de multiplier sans fin, à l'exemple de tant d'auteurs, de pareilles expériences, que d'avoir recours à une nouvelle manière d'expérimenter.

10. Or, on sait que les animaux, et l'homme lui-même, peuvent survivre plus ou moins longtemps à ces ouvertures artificielles, soit de l'estomac, soit des intestins, qu'on nomme *anus contre nature;* et l'on conçoit que de pareilles ouvertures, pratiquées successivement à chacun des quatre estomacs des *animaux ruminants,* en permettant de pénétrer dans l'intérieur de chacun de ces estomacs, à chaque moment où il le faudrait, pouvaient offrir un moyen de détermination et d'expérimentation directes et précises.

11. J'établis donc successivement de ces *anus contre nature* à chacun des quatre estomacs de différents moutons; et voici les résultats que j'ai obtenus de cette nouvelle manière d'observer et de procéder.

§ VII.

1. Je commençai par établir un large *anus artificiel* à la *panse* d'un mouton; c'est-à-dire qu'après avoir pratiqué une large ouverture aux parois de cet estomac, j'attirai les bords de cette ouverture en dehors, et que je les maintins fixés, par quelques points de suture, aux parois mêmes de l'abdomen.

Il est presque superflu d'indiquer ici l'utilité de toutes ces précautions, soit pour prévenir l'épanchement, ou le passage dans l'abdomen, des matières contenues dans la *panse*, soit pour ne mettre en contact avec l'air extérieur que la surface muqueuse de cet estomac, soit enfin pour permettre à l'expérimentateur de pénétrer dans cet estomac plus facilement et plus sûrement.

Cet *anus artificiel* ainsi établi, j'attendis que l'animal se mît à manger : celui-ci mangea le jour même de l'opération ; d'autres ne mangent que deux ou trois jours après ; car tous n'en sont pas également affectés d'abord, quoique plus tard, et les premiers effets de l'opération passés, les effets généraux des *anus contre nature* soient pour tous à peu près les mêmes. Ainsi presque tous ces animaux, une fois l'*anus artificiel* établi, et quel que soit l'estomac (1) où on l'ait établi, mangent plus souvent que dans leur état naturel, parce qu'ils perdent, par l'ouverture de leur estomac, une partie des aliments qu'ils mangent ; ils boivent aussi beaucoup plus, et par la même cause, parce qu'une partie de leur boisson se perd par l'ouverture de leur estomac ; mais ils *ruminent* moins souvent, et ils maigrissent beaucoup, bien qu'ils puissent survivre, dans cet état, jusqu'à plusieurs semaines, et même plusieurs mois.

Le mouton à *anus artificiel* pratiqué à la *panse* s'étant mis à manger, je vis, au bout de quelques instants, une partie des aliments qu'il mangeait sortir par l'ouverture de cet estomac à mesure qu'il les mangeait ou les avalait.

De plus, si j'introduisais mon doigt dans la *panse* par l'ouverture artificielle, je sentais, en le dirigeant vers l'œsophage, les aliments arriver dans la *panse*, au moment même où ils y étaient conduits par l'œsophage.

2. Les aliments passent donc immédiatement dans la *panse*, lors de la *première déglutition*. Passent-ils immédiatement, de même, dans le *bonnet ?*

3. J'établis un *anus artificiel* au *bonnet* d'un second mouton.

Après quoi, l'animal s'étant mis à manger, je vis encore une partie des

(1) Sauf la caillette, comme on le verra plus loin.

aliments qu'il mangeait sortir par l'ouverture du *bonnet*, à mesure qu'il les mangeait ; et, de plus, mon doigt introduit dans le *bonnet* par son ouverture artificielle, les y sentait arriver, de même, au moment où l'œsophage les y portait.

4. Les aliments passent donc immédiatement dans le *bonnet*, comme dans la *panse*, lors de la *première déglutition*.

5. J'établis, sur un troisième mouton, un double *anus artificiel*, l'un à la *panse*, l'autre au *bonnet ;* et non seulement mon doigt, alternativement introduit dans la *panse* et dans le *bonnet*, y sentait alternativement arriver les aliments que l'animal mangeait, et à mesure qu'il les mangeait, comme dans les deux expériences précédentes, mais, de plus, sans que l'animal mangeât, sans qu'il *ruminât*, je le voyais souvent contracter légèrement son abdomen ; et alors si j'introduisais mon doigt dans la *panse*, je la sentais qui se contractait aussi ; et, dans ce moment même, si, laissant la *panse*, j'introduisais mon doigt dans le *bonnet*, j'y sentais arriver des aliments qui lui venaient de la *panse*.

On sait que la *panse* est à gauche de l'animal et le *bonnet* à droite (1). Or, si j'introduisais directement par l'ouverture artificielle une substance donnée dans la *panse* ou dans le côté gauche de l'animal, je voyais au bout d'un certain temps cette substance plus ou moins altérée, sortir par l'ouverture du *bonnet* ou par le côté droit de l'animal.

6. Ainsi donc, non seulement les aliments vont immédiatement dans les deux premiers estomacs, lors de la *première déglutition*, mais encore ces aliments peuvent passer de l'un de ces estomacs dans l'autre directement, c'est-à-dire sans le concours ni de l'une ni de l'autre *déglutition*.

7. J'ai successivement introduit diverses substances, soit dans la *panse*, soit dans le *bonnet*, et je leur ai toujours vu suivre la marche que je viens

---

(1) On sait, de plus, et l'on verra d'ailleurs plus loin, que la *panse* est comme partagée en plusieurs *poches*. Or, si l'on met la substance dont on suit la marche dans la *poche* la plus reculée, c'est-à-dire dans celle qui est la plus éloignée du *bonnet*, on voit cette substance passer successivement de cette *poche* dans les autres, en avançant toujours vers le *bonnet*, et passer enfin de la *panse* dans le *bonnet*.

d'indiquer, d'un estomac dans l'autre (1), de la panse dans le bonnet.

8. J'arrive à la détermination des estomacs où vont les *aliments ruminés* ou de la *seconde déglutition*.

J'ai déjà dit que les animaux à *anus artificiels ruminent* moins souvent que dans leur état naturel, mais enfin ils *ruminent*, et souvent même plusieurs fois par jour.

Ayant donc introduit mon doigt à diverses reprises soit dans la *panse*, soit dans le *bonnet*, de pareils animaux, au moment où ils *ruminaient*, voici ce que j'observai :

9. D'abord, si j'introduisais mon doigt dans la *panse*, j'y sentais arriver encore, mais seulement par moments ou par intervalles, une partie de l'*aliment ruminé*, au moment où il était dégluti, et il en était de même quant au *bonnet;* mais de plus, en écartant les bords de l'ouverture de celui-ci, je voyais une partie de l'*aliment ruminé* suivre le demi-canal de l'œsophage, et passer immédiatement ainsi jusque dans le *feuillet* (2).

10. Une partie de l'*aliment ruminé* revient donc dans les deux premiers estomacs; et, quant à l'autre partie, elle passe immédiatement, par le demi-canal de l'œsophage, dans le *feuillet*.

§ VIII.

1. Il ne me reste plus qu'à dire un mot des boissons ou aliments liquides.

2. On a reconnu de bonne heure qu'elles passent immédiatement jusque

(1) J'ai quelquefois introduit directement, au moyen des *anus artificiels*, soit dans la *panse*, soit dans le *bonnet*, mais surtout dans la *panse*, au lieu de simples *substances mortes*, des *animaux vivants*, par exemple des *grenouilles*, de petits *lézards gris*, des *escargots*, des *vers de terre*, etc. Tous ces animaux sont morts promptement, et leurs tissus ont été bientôt altérés par la *force active* de ces estomacs. Une petite salamandre vivante a été introduite, par l'œsophage, dans l'estomac d'un lapin ; une heure et demie après, le lapin a été tué, son estomac ouvert, et la petite salamandre non seulement s'est trouvée morte, mais en partie digérée. Ces expériences suffiront sans doute pour détruire le préjugé vulgaire qui suppose que certains animaux, tels que des *lézards*, des *serpents*, etc., peuvent s'introduire dans l'estomac de l'homme, y vivre plus ou moins longtemps, et causer ainsi plusieurs maladies.

(2) Et du *feuillet* enfin dans la *caillette*, jusqu'où un autre *anus* établi me permettait de le suivre.

dans la *caillette* : mais y passent-elles en totalité, comme la plupart des auteurs le pensent? ou bien n'y en passe-t-il qu'une partie, et l'autre partie s'arrête-t-elle dans la *panse*, comme le dit Camper (1) ? C'était encore aux *anus artificiels* à résoudre cette difficulté.

3. J'ai déjà dit que les animaux à *anus artificiels* boivent beaucoup plus souvent que dans leur état naturel. Or, quand un pareil animal se met à boire, si l'*anus* qu'il porte est à la *panse*, on voit presque aussitôt sortir une grande quantité d'eau par la *panse*; si l'*anus* est au *bonnet*, l'eau s'échappe de même par le *bonnet*; et elle s'échappe encore de même par la *caillette*, et toujours presque aussitôt dans l'un de ces cas que dans l'autre, si l'animal porte un *anus* à la *caillette*.

4. Les boissons passent donc en partie dans les deux premiers estomacs, et en partie dans les deux derniers, et elles passent immédiatement dans les uns comme dans les autres.

§ IX.

1. En rapprochant tout ce qui précède, on voit, d'une part, 1° que les aliments *grossiers* ou d'un *certain volume* ne vont jamais que dans les deux premiers estomacs ; 2° que les aliments *atténués* ou *fluides* passent seuls dans les deux derniers ; et l'explication de ces deux faits est facile : c'est que les deux derniers estomacs ne communiquent avec les premiers que par l'ouverture du *feuillet*, ouverture naturellement étroite, comme tous les auteurs l'ont remarqué déjà, et qui, de plus, ainsi qu'on le verra bientôt, est susceptible de se contracter, de se resserrer et de s'opposer complétement par là au passage de tout aliment *grossier* ou d'un *certain volume* (2).

2. On voit, d'autre part, 1° que les aliments *grossiers* tombent toujours *directement* dans les deux premiers estomacs ; et 2° que les aliments *atténués* ou *fluides* peuvent seuls passer *immédiatement*, du moins en partie,

(1) « Les aliments, dit Camper, sont d'abord détrempés dans la panse, tant par l'eau que l'ani-
» mal avale et qui séjourne toujours dans cet estomac, que par la salive...... » *OEuvres qui ont pour objet l'hist. nat., la physiolog. et l'anat. comp.*, t. III, p. 72.

(2) Et même de tout aliment quelconque : c'est ce qu'on verra tout-à-l'heure, quand je parlerai du mécanisme de la *réjection*.

dans les deux derniers; et l'explication de ces deux faits n'est pas moins évidente encore.

3. En effet, si, après avoir ouvert la *panse* et le *bonnet* sur un mouton vivant, on fait avaler à ce mouton divers aliments, on voit, dans le cas où l'*aliment dégluti* est *grossier* ou d'un *certain volume*, cet aliment tomber tantôt dans la *panse*, et tantôt dans le *bonnet;* et dans le cas, au contraire, où l'*aliment dégluti* est *fluide* ou *atténué*, on le voit passer immédiatement, du moins en partie, jusque dans le *feuillet*, et par le *feuillet* dans la *caillette*, où une ouverture pratiquée permet aisément de le suivre encore; et si l'on examine ce qui se passe dans l'œsophage à chacune de ces *déglutitions*, on voit cet œsophage, dilaté par l'aliment, s'ouvrir toutes les fois que l'aliment est *grossier*, et alors cet aliment, conduit par l'œsophage seul, tomber directement dans la *panse* ou dans le *bonnet;* et, au contraire, si l'*aliment dégluti* est *atténué* ou *fluide*, on voit l'œsophage rester affaissé, et alors l'aliment passer de l'œsophage dans le demi-canal (1), et ce demi-canal le conduire dans le *feuillet*, et par le *feuillet* dans la *caillette;* et cet état de *non-dilatation* ou d'*affaissement* de l'œsophage est si bien la cause qui fait que les aliments *atténués* ou *fluides* prennent la voie du demi-canal, que, toutes les fois que ces aliments eux-mêmes se trouvent ou trop accumulés, ou déglutis trop rapidement, ou mêlés avec une bulle d'air, l'œsophage, dilaté brusquement, s'ouvre, et alors on les voit tomber dans les deux premiers estomacs, de la même manière et par la même cause que les aliments *grossiers*, c'est-à-dire parce que l'œsophage les y conduit.

4. Il y a donc deux voies distinctes de *déglutition :* celle de l'œsophage seul, et celle l'œsophage et du demi-canal; et les aliments prennent l'une ou l'autre de ces deux voies, selon qu'ils sont ou *grossiers* et d'un *certain volume*, ou *atténués* et *fluides*, et, dans le premier cas, ils passent dans les deux premiers estomacs, parce qu'ils sont conduits par l'œsophage seul, lequel se rend dans ces deux estomacs; et, dans le second cas, ils passent dans les

(1) Je reviendrai plus loin sur la structure de ce demi-canal qui continue l'œsophage, et s'étend de l'œsophage même jusqu'au feuillet.

deux derniers, parce qu'ils sont conduits par l'œsophage dans le demi-canal, lequel se rend dans ces deux derniers estomacs, comme l'œsophage dans les deux premiers.

5. L'état de *dilatation* ou d'*affaissement* de l'œsophage décide donc du passage de l'aliment dans tel ou tel estomac ; et c'est l'aliment lui-même qui décide de cet état, selon qu'il est assez volumineux, ou non, pour dilater, ou non, l'œsophage ; car, dans le premier cas, dilatant l'œsophage naturellement affaissé, il est conduit par cet œsophage seul ; tandis que, dans le second cas, laissant l'œsophage affaissé, il passe de l'œsophage dans le demi-canal.

6. Je viens enfin à la détermination du mécanisme selon lequel s'opère la *réjection* des aliments.

TROISIÈME QUESTION.

Détermination du mécanisme de la *réjection* des aliments, ou de la *rumination* proprement dite.

§ I.

1. On vient de voir, d'abord, quant à la route que suivent les aliments, soit lors de la *première*, soit lors de la *seconde déglutition*, c'est-à-dire soit *avant*, soit *après la rumination*, 1° que les aliments *non ruminés*, ou de la *première déglutition*, vont immédiatement et uniquement dans les deux premiers estomacs ; et 2° que les aliments *ruminés*, ou de la *seconde déglutition*, passent seuls immédiatement, du moins en partie, dans les deux derniers. On a vu ensuite, quant au mécanisme qui détermine cette route diverse des aliments, selon qu'ils sont *ruminés* ou *non ruminés*, 1° qu'il y a deux voies distinctes de *déglutition*, l'une, celle de l'œsophage seul, laquelle conduit aux deux premiers estomacs, et l'autre, celle de l'œsophage et du demi-canal, laquelle conduit aux deux derniers ; 2° que les aliments *non ruminés* prennent toujours la première de ces deux voies, comme les aliments *ruminés* prennent toujours, du moins en partie, la seconde ; et 3° que les aliments *non ruminés*, ou, plus généralement, tous les

aliments *grossiers*, ou d'un certain volume, prennent la première voie, parce que, dilatant à cause de leur volume l'ouverture inférieure de l'œsophage, ils sont directement portés par cet œsophage même jusque dans les estomacs où il se rend, c'est-à-dire dans les deux premiers, tandis que les aliments *ruminés*, ou, plus généralement, tous les aliments *atténués* ou *fluides*, prennent la seconde voie, parce que, laissant l'œsophage affaissé, ils passent de cet œsophage dans le demi-canal, qui les porte directement, à son tour, jusque dans les estomacs où il se rend, c'est-à-dire dans les deux derniers.

2. Ainsi, les aliments vont ou dans les deux premiers estomacs, ou dans les deux derniers, selon qu'ils prennent ou la voie de l'œsophage, ou celle du demi-canal; et ils prennent l'une ou l'autre de ces deux voies, selon qu'ils sont *non ruminés* ou *ruminés*, ou, plus généralement, selon qu'ils sont *grossiers* ou *atténués*, ou, en un mot, selon qu'ils sont assez volumineux, ou non, pour amener, ou non, la dilatation, l'ouverture du bout inférieur de l'œsophage.

3. Il ne reste plus qu'à faire connaître le mécanisme selon lequel s'opère la *réjection* des aliments, *réjection* intermédiaire, comme on a déjà vu, entre les deux *déglutitions*.

4. Or, ce qu'il faut remarquer d'abord, c'est que cette *réjection* n'est pas un simple *vomissement*, analogue à celui des animaux ordinaires; car non seulement les aliments sont *rejetés*, mais, de plus, ils sont rejetés par *portions réglées et détachées;* et ce qu'il faut remarquer ensuite, c'est que les *animaux ruminants* n'ont pas seulement les organes communs du *vomissement*, c'est-à-dire des organes pareils à ceux des animaux ordinaires, mais qu'ils ont, de plus, des organes particuliers de *vomissement*, ou dont les animaux ordinaires manquent.

5. La question est donc de savoir : 1° quels sont ces divers organes, soit généraux, soit particuliers, du *vomissement* des *animaux ruminants;* et 2° quel est le mode selon lequel chacun de ces organes agit.

6. Je commence par les organes *généraux*, ou pareils à ceux du *vomissement* des animaux ordinaires.

§ II.

1. Tous les auteurs ont reconnu, et il suffisait en effet du plus léger examen pour le reconnaître, que ces organes sont de deux ordres, ou médiats, tels que les muscles de l'abdomen et le diaphragme, ou immédiats, tels que les estomacs. Mais quels estomacs? C'est ici que renaissent les difficultés, et, avec elles, les divergences entre les auteurs.

2. Ainsi, selon Duverney, c'est la *panse* «qui est le véritable instrument » de la *rumination* (1);» c'est, au contraire, le *bonnet*, selon Daubenton (2); et, parmi ceux qui sont venus après ces deux célèbres anatomistes, les uns, comme Camper (3), admettent l'opinion de Daubenton; et les autres, comme Bourgelat (4), Chabert (5), Toggia (6), l'oublient ou la combattent pour revenir à celle du Duverney.

3. On a vu, par les expériences qui précèdent : 1° que les aliments *non ruminés*, c'est-à-dire destinés à être *rejetés*, ou ramenés à la bouche, ne vont que dans les deux premiers estomacs, et 2° qu'ils vont dans l'un de ces estomacs comme dans l'autre. Les deux premiers estomacs concourent donc seuls, du moins comme *organes généraux*, à la *rumination*.

4. Je dis comme *organes généraux*. En effet, il y a un *organe spécial*, un *appareil déterminé* pour la *rumination;* et c'est ce que l'on verra bientôt.

5. Mais enfin, ces deux estomacs, cet appareil déterminé, produisent-ils

(1) Voyez ci-devant la note 1 de la page 34.

(2) Voyez ci-devant la note 3 de la page 34.

(3) « Il me paraît très vraisemblable, dit-il, que ...... lorsqu'une portion des aliments doit être reportée vers la bouche, le bonnet se comprime.....» *OEuvres qui ont pour objet l'hist. nat., la physiologie et l'anat. comp.*, t. III, p.71.

(4) *Élém. de l'art vétér.*, t. II (*Recherches sur le mécanisme de la rumination*).

(5) Voyez ci-devant la note 2 de la page 34.

(6) « Lorsque l'animal, dit Toggia, est forcé de renvoyer l'aliment à la bouche pour le ruminer, » cette opération est faite par les fibres musculeuses de la panse...» (*Explication des principaux phénomènes que présente la digestion des animaux ruminants, et particulièrement la rumination*, p. 18.) Il dit, sur l'opinion de Daubenton : «Nous avons déjà fait observer que l'action du bon-» net est plus faible que celle de la *panse*, et par conséquent que la fonction que lui a attribuée ce » célèbre naturaliste ne peut avoir lieu.....» *Ibid.*, p. 25.

la *réjection*, ou le retour à la bouche de l'aliment, par leur seule force
propre? ou bien ont-ils besoin, pour opérer cette *réjection*, du concours
d'une force extérieure et auxiliaire?

§ III.

1. Si l'on met les quatre estomacs à nu , sur un mouton vivant, on est
étonné du peu de ressort apparent , du peu d'énergie contractile de leur
tissu.

J'ai successivement soumis à des irritations de tout genre, à des piqûres,
à des incisions , à des brûlures, le tissu musculaire de chacun de ces quatre
estomacs, mis à nu sur différents moutons; et je n'ai jamais provoqué par
là, ou que des contractions partielles des fibres immédiatement irritées, ou
qu'un mouvement vermiculaire général assez faible.

2. Au contraire, quand ces estomacs , et, en particulier, le *bonnet* et la
panse , les seuls dont il s'agisse pour le moment, sont dans leur position
naturelle , c'est-à-dire sous l'action combinée des muscles abdominaux et
du diaphragme , leur mouvement contractile est très prononcé ; et l'on peut
bien juger de ce mouvement, au moyen des *anus artificiels* dont j'ai parlé
plus haut.

3. Si l'on introduit en effet le doigt, au moyen d'un pareil *anus* , soit
dans la *panse* , soit dans le *bonnet*, on sent ces deux estomacs qui se contractent, et se contractent surtout avec force, pendant les efforts du *vomissement* ou de la *réjection*.

4. La *panse* est comme partagée en plusieurs poches par des *replis
intérieurs* plus ou moins saillants, auxquels répondent les sillons exté-
rieurs de l'organe. Or, le doigt, introduit dans la *panse* , sent l'ensemble de ses parois et surtout les *replis*, ou faisceaux musculeux, qui
partagent sa cavité en plusieurs poches, se contracter avec force, et ces
replis former comme autant de nœuds de contraction ; et , d'un autre côté,
si, après avoir enlevé les enveloppes superficielles de la région moyenne
de l'abdomen, on ne laisse subsister que l'aponévrose transparente qui

recouvre, en ce point, le péritoine et la *panse*, on voit tout l'extérieur de cet estomac se contracter, se dilater, s'agiter presque perpétuellement d'un grand mouvement vermiculaire.

5. Le mouvement contractile des estomacs est donc beaucoup plus marqué quand ils sont dans leur position naturelle que quand ils ont été mis à nu ; mais ce mouvement contractile suffit-il, à lui seul, pour opérer le *vomissement* ou la *réjection* des aliments?

6. J'ai déjà dit que tous les auteurs ont reconnu le concours, dans la *rumination*, de l'action extérieure et auxiliaire des muscles abdominaux et du diaphragme ; il fallait donc voir si, cette action supprimée, la *rumination* continuerait encore.

§ IV.

1. Je coupai les deux nerfs diaphragmatiques sur un mouton.

L'animal fut aussitôt atteint d'un grand essoufflement ; et, le thorax se soulevant à peine, la respiration paraissait ne plus se faire qu'au moyen de la contraction profonde des muscles abdominaux.

Peu à peu cet essoufflement disparut ou diminua ; l'animal mangea, et je le vis *ruminer* dès le lendemain de l'opération ; mais il *ruminait* avec peine, avec effort ; et cet effort portait principalement sur les muscles de l'abdomen, qui souvent étaient obligés de se contracter jusqu'à deux ou trois reprises de suite pour amener enfin la *réjection* effective de l'aliment.

2. La section des nerfs diaphragmatiques rend donc la *rumination* plus pénible, sans l'abolir ; mais aussi la section des nerfs diaphragmatiques n'abolit pas non plus le mouvement du diaphragme ; elle le rend seulement plus faible.

3. Je coupai, sur un second mouton, la moelle épinière par une section transversale, au niveau de la dernière vertèbre costale.

Sur-le-champ, tout le train postérieur de l'animal fut frappé de paralysie ; et, les muscles de l'abdomen ne se contractant plus que faiblement, la respiration ne semblait plus se faire que par le thorax, à l'inverse de l'animal précédent, où, comme on a vu, elle ne semblait plus se faire que par les flancs.

Malgré la paralysie de son train postérieur, l'animal n'en continua pas moins à manger et à *ruminer* souvent, durant plusieurs jours qu'il survécut à l'opération.

4. Sur un troisième mouton, je coupai transversalement la moelle épinière au niveau de la sixième vertèbre costale.

L'animal survécut plusieurs jours à l'opération; il mangea même beaucoup et souvent; mais il ne *rumina* plus; et, quelques efforts qu'il fît encore pour *ruminer*, on voyait ses muscles abdominaux, lâches et distendus, rester sans action propre et presque sans mouvement.

5. Je coupai, sur deux moutons, les deux nerfs de la huitième paire (pneumo-gastriques); et ces deux animaux non seulement ne *ruminèrent* plus, mais même ils ne mangèrent, ni ne burent plus, durant quatre ou cinq jours qu'ils survécurent à l'opération.

6. Ainsi, 1° la section des nerfs diaphragmatiques, qui affaiblit le mouvement du diaphragme, affaiblit la *rumination;* 2° la section de la moelle épinière, qui abolit l'action des muscles abdominaux, abolit la *rumination ;* et 3° la section des nerfs de la huitième paire n'empêche pas seulement l'animal de *ruminer*, mais elle l'empêche même de boire et de manger.

§ V.

1. Mais je me hâte d'arriver à la partie du phénomène qui constitue le *vomissement propre* des *animaux ruminants*, et aux organes particuliers par lesquels ce *vomissement* s'opère.

2. Il y a, dans tout phénomène donné, une circonstance qui en forme le trait principal et caractéristique; et tant qu'on n'est point parvenu jusqu'au ressort profond et caché qui détermine cette circonstance, on n'a point résolu le nœud de la difficulté.

3. Dans le *vomissement propre* des *animaux ruminants*, la circonstance qui forme le trait principal et caractéristique consiste évidemment en ce

que ce *vomissement* n'est pas une *réjection* confuse, ou *en masse*, des matières vomies, comme le *vomissement* des animaux ordinaires, mais une *réjection* de ces mêmes matières par *portions réglées et détachées*.

4. Daubenton a, le premier, bien vu (1) que, dans cette *division* des matières vomies par *portions réglées et détachées*, consiste le véritable trait caractéristique du *vomissement* des *animaux ruminants*. « Lorsque l'ani-
» mal veut ruminer, dit-il, il faut qu'une petite portion de la masse des
» aliments rentre dans l'œsophage et revienne à la bouche (2)....» Il dit un
peu plus loin : « Il faut qu'une portion de la masse d'herbes contenue dans
» la panse soit détachée, arrondie et humectée par quelque agent particu-
» lier, avant d'entrer dans l'œsophage pour revenir à la bouche ; » et il
ajoute : « Le viscère que l'on appelle *bonnet* est l'agent qui fait toutes ces
» fonctions (3)... ; c'est lui qui détache une portion de la masse des aliments,
» qui l'arrondit en forme de pelote, et l'humecte en la comprimant (4). »

5. Ainsi, selon Daubenton, il faut d'abord qu'une portion des aliments soit détachée de la masse commune ; il faut ensuite que cette portion reçoive une forme déterminée ; et, soit pour détacher cette portion, soit pour lui donner cette forme, il faut un agent particulier : et, selon Daubenton, cet agent particulier est le *bonnet*.

6. Telle est, en peu de mots, la théorie de Daubenton ; théorie, comme je

(1) Camper l'a bien vu aussi, mais après Daubenton. « Tous ces animaux, dit Camper, commen-
» cent par se remplir l'estomac ; ensuite, par un mécanisme singulier qui *diffère beaucoup du*
» *vomissement*, ils font remonter successivement une partie des aliments dans la bouche....»
OEuvres qui ont pour objet l'histoire naturelle, la physiologie et l'anatomie comparée, t. III,
p. 52. Il dit plus loin : « Ces animaux ne peuvent faire autre chose que remplir le premier de ces
» estomacs, pour ensuite faire remonter, *par parties*, vers leur bouche, les aliments qu'ils ont
» commencé par avaler...» *Ibid.*, p. 55.

(2) Daubenton, *Mémoire sur la rumination et sur le tempérament des bêtes à laine* (*Mém. de*
l'Acad. roy. des Sc., ann. 1768), p. 390.

(3) *Ibid.* p. *id.*

(4) *Ibid.*, p. 392. « J'ai fait voir, dit-il, comment le bonnet détache une portion de la masse
» d'herbes contenues dans la panse, comment il l'arrondit en forme de pelote, et l'humecte en la
» comprimant. » Il avait déjà dit : « Lorsque l'animal veut ruminer, la panse, qui contient la masse
» d'herbes qu'il a pâturée, se contracte, et, en comprimant cette masse, elle en fait entrer une por-
» tion dans le bonnet. Ce viscère se contracte aussi, enveloppe la portion d'aliments qu'il reçoit,
» l'arrondit, en fait une pelote par la compression, et l'humecte avec l'eau qu'il répand dessus en se
» contractant...» *Ibid.*, p. 391.

l'ai déjà dit, tour à tour admise par Camper, quoique d'une manière infiniment vague, car Camper se borne à dire : « Il me paraît vraisemblable que, » lorsqu'une portion des aliments doit être portée vers la bouche, le *bonnet* » se comprime... (1); » et formellement combattue, au contraire, par Chabert et par Bourgelat ; car Chabert termine son travail par dire « qu'il » a fait sentir le peu de fondement de l'opinion de ceux qui ont prétendu » que le *bonnet* était destiné à calibrer, à mouler en quelque sorte les pelotes » destinées à être portées dans la bouche (2); » et Bourgelat termine le sien par ces conclusions : « 1° Le *bonnet* ne détache point de la masse des aliments » la portion dont l'ascension dans la bouche est prochaine; 2° il n'est, en » aucune manière, chargé de la mouler et de la calibrer ; elle prend la » forme que lui donne naturellement l'œsophage dès qu'elle y est intro- » duite, etc. (3). »

7. Pour prononcer entre des assertions aussi opposées, c'était donc encore à de nouvelles expériences qu'il fallait avoir recours.

8. Or, on verra bientôt par ces nouvelles expériences, 1° que le *bonnet* ne joue pas le rôle que lui attribue Daubenton ; 2° que néanmoins il se

(1) Voici tout ce que dit là-dessus Camper : « Les aliments qui ont été détrempés pendant quel- » que temps dans la panse sont reportés par pelotes vers en haut par un mouvement particulier » de la panse. Il me paraît vraisemblable que le ventricule se contractant, les aliments sont portés » par cette pression dans le bonnet, et que lorsqu'une portion des aliments doit être reportée vers » la bouche, le bonnet se comprime de même, ainsi que l'*ouverture du feuillet* (*); et que c'est de » cette manière qu'une partie des aliments qui se trouvaient dans le bonnet, étant retenue par le » rétrécissement près de la panse, est portée par cette pression dans l'œsophage. Cette opération » diffère du vomissement... » *OEuvres qui ont pour objet l'hist. nat., la physiol. et l'anat. comp.*, t. III, p. 71. Il est, au reste, si peu sûr de son fait, qu'il dit ailleurs : « Il se pourrait cependant » que le ventricule (la panse), en se contractant, comprimât les aliments et en formât la pelote ou » boule que l'animal fait remonter vers sa bouche... » *Ibid.*, p. 35.

(2) Chabert, *Des organes de la digestion dans les ruminants*, 1797; p. 74. Chabert fait, sur la partie essentielle du mécanisme de la rumination, la même remarque judicieuse qu'avait déjà faite Camper (Voyez ci-devant la note 1 de la page 30). «Le mouvement des mâchoires (*la mastication*) » n'est, dit Chabert, qu'une très petite partie de la rumination ; ce qui la constitue réellement, c'est » l'ascension de la pelote alimentaire par l'œsophage dans la bouche... » *Ibid.*, p. 68.

(3) Bourgelat, *Eléments de l'art vétérinaire*, t. II (*Recherches sur le mécanisme de la rumination*).

(*) Je prie qu'on remarque cette *compression de l'ouverture du feuillet*, observée ou conjecturée par Camper, et qui, comme on le verra tout-à-l'heure, joue un si grand rôle dans le mécanisme de la *réjection* des aliments.

forme, comme Daubenton le dit, des *pelotes* arrondies et détachées ; et
3° qu'il y a un organe particulier, et tout autre que le *bonnet*, qui forme et
arrondit ces *pelotes*.

§ VI.

1. Je commençai par retrancher une partie du *bonnet* sur un mouton ; et,
pour diminuer autant que possible le jeu contractile de la partie restante,
je fixai par quelques points de suture les bords de cette partie aux parois de
l'abdomen.

Il est évident que le *bonnet*, ainsi réduit à un de ses côtés, et ce côté
même étant fixé par ses bords aux parois de l'abdomen, cet estomac ne pouvait plus se contracter *en rond* ou *en moule arrondi*, pour former et arrondir
les *pelotes*.

Si donc, d'une part, il devait se former des *pelotes* pour que l'animal
ruminât; et si, de l'autre, c'était le *bonnet* qui formait ces *pelotes*, deux
assertions sur lesquelles repose la théorie de Daubenton, il est évident que,
conséquemment à cette théorie, l'animal ne devait plus *ruminer.*

Mais il *rumina,* et *rumina* souvent. Le *bonnet* ne joue donc pas le rôle que
lui attribue Daubenton (1) ; et, supposé qu'il se forme des *pelotes*, ce n'est
pas le *bonnet* qui les forme.

(1) Il en a un qui est beaucoup plus en rapport avec la structure singulière de ses parois internes. On a vu que ces parois sont tapissées de petites lames saillantes, disposées en mailles polygones ou en réseau. Or, quand le *bonnet* se contracte, toutes ces lames étant rapprochées, et, par
suite, les espaces, qu'elles interceptent, de superficiels étant devenus profonds, les diverses *mailles*
forment autant de *cellules creuses*, ou de *petits tuyaux :* par là, tout l'intérieur du *bonnet* se
trouve comme transformé en une sorte d'éponge ; et c'est dans les vides de cette éponge que passent ou se réfugient, si je puis ainsi dire, les liquides, au moment de la contraction du *bonnet.* En
effet, le *bonnet* contient ordinairement beaucoup de liquides ; et cependant ces liquides ne reviennent
pas, du moins en masse, à la bouche avec les solides.

L'usage particulier de la structure intérieure du *bonnet*, laquelle avait si fort frappé Daubenton, et
au moyen de laquelle cet estomac se transforme *temporairement*, comme je viens de le dire, durant sa contraction, en une sorte de *réservoir* de *liquides,* est donc de lui permettre de repousser
les *solides* qu'il contient et qui doivent revenir à la bouche, tout en conservant plus ou moins les
liquides qu'il contient aussi, et qui n'y doivent pas revenir.

2. Je dis *supposé qu'il se forme des pelotes* : en effet, Daubenton est le seul qui parle de ces *pelotes* comme d'une chose qu'il ait vue ; encore n'en a-t-il vu qu'une ; et Bourgelat en nie formellement l'existence. « La por- » tion qui remonte n'a, dit-il, d'autre forme que celle que lui donne l'œso- »phage (1). »

3. Le premier point était donc de chercher un moyen qui permît d'arriver jusqu'à ces *pelotes ;* car Daubenton n'a dû celle qu'il a vue qu'au hasard, à un cas pathologique ; et l'on sait que, dans les cas ordinaires, on ne trouve rien de pareil dans les estomacs des *animaux ruminants.*

§ VII.

1. J'ouvris l'œsophage par une incision longitudinale, et vers le tiers supérieur de son trajet le long de la région cervicale, sur un mouton.

J'avais espéré que l'animal se mettant à *ruminer,* les *pelotes* qui remonte-raient des estomacs, arrivées à l'ouverture de l'œsophage, tomberaient par cette ouverture, à mesure qu'elles remonteraient, et qu'ainsi je pourrais parvenir enfin à m'en procurer.

Mais cet animal ne *rumina* point.

Il perdait presque continuellement, par le bout supérieur de l'incision de l'œsophage, une quantité prodigieuse de salive.

Il cherchait souvent à manger, et surtout à boire ; mais tout ce qu'il man-geait, ou buvait, tombait aussitôt par le bout supérieur de l'incision de l'œsophage.

Après l'avoir conservé durant trois ou quatre jours dans cet état, je l'ouvris.

La *panse* ne contenait aucun liquide d'aucune espèce ; toutes les matières y étaient sèches et comme moulées en autant de masses compactes et dis-tinctes qu'il y a de poches séparées dans l'intérieur de cet estomac ; enfin, vers l'endroit où cet estomac répond à l'ouverture de l'œsophage, était une

(1) *Éléments de l'art vétérinaire,* t. II (*Recherches sur le mécanisme de la rumination*).

pelote parfaitement ronde (1) et *d'un pouce à peu près de diamètre*, comme celle que Daubenton a décrite.

Cette *pelote* était appliquée, d'un côté, contre l'ouverture fermée de l'œsophage; elle était appliquée, de l'autre, contre la masse d'herbes contenues dans la poche antérieure de la *panse;* et, par le reste de son étendue, elle était engagée entre les deux bords du demi-canal.

Quant au *bonnet,* il ne contenait aucune matière, ni solide ni liquide.

2. J'ouvris l'œsophage par une incision longitudinale pareille à celle de l'animal précédent, sur un second mouton.

Ce mouton ne *rumina* pas non plus ; et il perdit de même une quantité prodigieuse de salive par le bout supérieur de l'incision de son œsophage.

Après l'avoir conservé deux jours dans cet état, je l'ouvris.

Les matières contenues dans la *panse* étaient déjà sèches, mais moins que sur l'animal précédent ; elles étaient aussi divisées en masses compactes, et séparées par les replis intérieurs de l'organe : le *bonnet* était encore absolument vide.

Quant au demi-canal, je n'y trouvai pas, cette fois, de *pelote* complétement formée, mais une *pelote* qui commençait à se former, et qui n'en montrait que mieux le mécanisme de sa formation.

Cette *pelote*, à demi formée, répondait d'un côté à l'ouverture fermée de l'œsophage, de l'autre à l'ouverture fermée du *feuillet;* par le reste de son étendue, elle était engagée entre les bords du demi-canal; et il était évident que ces deux ouvertures fermées et rapprochées d'une part, et le demi-canal, de l'autre, constituaient, par leur réunion, l'appareil même qui l'avait à demi formée.

3. J'ouvris l'œsophage sur un troisième mouton, de la même manière que sur les deux précédents.

Cet animal *rumina*, ce que n'avait fait aucun des deux autres; il *rumina* même quelques heures après l'opération; et je vis alors les *pelotes* qui remontaient le long du cou, tomber par l'ouverture de l'œsophage, dès qu'elles arrivaient à cette ouverture.

(1) *Voyez* cette pelote, pl. IV, fig. 2.

Ces *pelotes* humides et molles n'avaient pas une forme aussi exactement
ronde que la *pelote* ferme et sèche que j'avais trouvée sur le premier mouton; la pression de l'œsophage les avait un peu allongées en cylindre, mais
il n'en était pas moins aisé de juger que leur forme primitive avait été
ronde.

Dès le lendemain de l'opération l'animal ne *rumina* plus; et il continua à
ne plus *ruminer* durant trois ou quatre jours que je le conservai encore.

Après ce temps je l'ouvris. La *panse* ne contenait que des matières sèches et moulées en masses distinctes; le *bonnet* était complétement vide;
et, quant au demi-canal, il contenait encore une *pelote* sèche et ronde,
appliquée de même contre l'ouverture de l'œsophage, et parfaitement semblable, en un mot, à celle du premier mouton.

4. Ainsi, 1° il se forme des *pelotes* dans le *vomissement* des *animaux
ruminants;* 2° ces *pelotes* sont rondes; 3° il y a un appareil particulier qui
les forme; et 4° cet appareil se compose du demi-canal et des deux ouvertures fermées du *feuillet* et de l'œsophage.

5. Maintenant, pour se faire une idée de la manière dont cet appareil agit,
il faut considérer, 1° que le demi-canal s'étend de l'ouverture de l'œsophage
à celle du *feuillet;* 2° que, quand il se contracte, il rapproche l'une de l'autre
ces deux ouvertures; 3° qu'il ne peut les rapprocher sans les fermer;
et 4° que quand les deux premiers estomacs, pressés par les muscles abdominaux et le diaphragme, se contractent, ils poussent tout à la fois les
matières qu'ils contiennent et contre ces deux ouvertures opposées l'une à
l'autre, et contre le demi-canal qui est opposé à ces estomacs.

6. Ainsi les deux premiers estomacs, en se contractant, poussent les
aliments qu'ils contiennent entre les bords du demi-canal; et ce demi-
canal, se contractant à son tour, rapproche les deux ouvertures du *feuillet*
et de l'œsophage; et ces deux ouvertures, fermées à ce moment de leur
action et rapprochées, saisissent une portion des aliments, la détachent
et en forment une *pelote.*

7. Or, d'une part, cette *pelote est détachée;* mais elle n'a pu être saisie par
ces deux ouvertures rapprochées, sans se détacher de la masse des aliments :

d'autre part, cette *pelote est ronde;* mais cette forme ronde est précisément celle de l'appareil qui la produit, quand cet appareil est en action, c'est-à-dire quand le demi-canal, se contractant, rapproche l'une de l'autre les deux ouvertures fermées : enfin, cette *pelote a un pouce à peu près de diametre;* et un pouce de longueur est aussi à peu près l'étendue du demi-canal, quand il se contracte.

8. Mais la détermination de la manière dont se forment les *pelotes* n'est pas le seul fait qui résulte de ces dernières expériences. On sait que l'appareil salivaire n'est nulle part aussi développé dans la classe des mammifères que dans les *animaux ruminants.* Or, les expériences qu'on vient de voir montrent quel rôle important joue, dans la digestion de ces animaux et particulièrement dans leur *rumination,* leur fluide salivaire si copieux; car, dès que ce fluide ne parvient plus dans leurs estomacs, les matières contenues dans ces estomacs deviennent sèches, dures, compactes; ces estomacs eux-mêmes sont bientôt privés de tout liquide; et une *pelote* a beau se former, comme elle ne peut plus remonter par l'œsophage desséché, elle reste appliquée contre l'ouverture de cet œsophage. On voit par là d'abord pourquoi on trouve une *pelote* dans ces cas, et ensuite pourquoi, dans les cas ordinaires, on n'en trouve pas : c'est qu'alors les *pelotes* passent dans l'œsophage, et de l'œsophage dans la bouche, à mesure qu'elles se forment.

§ VIII.

1. Les Planches III, IV et V de ce volume représentent l'*appareil formateur* des pelotes : la IIIe et la IVe sur les estomacs du mouton, et la Ve sur les estomacs du bœuf.

2. La Planche III représente le demi-canal, mis à nu par l'ouverture des estomacs.

On y voit comment ce demi-canal commence où finit l'œsophage, et comment il finit où commence le feuillet; on y voit les deux rebords longitudinaux et saillants qui le bornent de chaque côté; on y voit, enfin, la membrane muqueuse qui le tapisse, et quelques unes des papilles dont cette membrane est hérissée.

3. La Planche IV représente le demi-canal dépouillé de la membrane muqueuse. On voit bien, sur cette préparation, que les deux rebords saillants qui bornent le demi-canal de chaque côté sont formés par deux faisceaux de fibres musculaires longitudinales.

Or, ces deux faisceaux musculaires, qui constituent les parois latérales du demi-canal, ne peuvent se contracter sans rapprocher l'une de l'autre les deux ouvertures de l'œsophage et du feuillet.

Ajoutez qu'ils ne peuvent se contracter sans fermer les deux ouvertures qu'ils rapprochent. Leurs fibres longitudinales sont, en effet, tellement disposées, que, parvenues à chacune des deux ouvertures dont il s'agit, elles se contournent sur elles-mêmes et forment ainsi, et de ces deux ouvertures et des deux rebords longitudinaux du demi-canal, un seul appareil, un seul tout.

4. Il y a donc là un appareil musculaire déterminé, formant une sorte d'anneau allongé; et cet appareil, cet anneau allongé, en se contractant, rapproche les deux ouvertures opposées du feuillet et de l'œsophage, et en même temps qu'il les rapproche, il les ferme.

5. Pour bien voir cette contraction simultanée de toutes les parties de l'appareil que je décris, c'est-à-dire des faisceaux longitudinaux du demi-canal, et des ouvertures de l'œsophage et du feuillet, il suffit de mettre cet appareil à nu, sur un mouton vivant, et d'attendre que les estomacs agissent et se meuvent ; car dès qu'ils se meuvent, les ouvertures de l'œsophage et du feuillet se rapprochent, et, en même temps qu'elles se rapprochent, elles se ferment.

6. L'ouverture du feuillet, en particulier, est très contractile ; l'irritation immédiate la plus légère suffit pour qu'elle se contracte et se ferme. Et ce n'est pas tout : il suffit, sur un mouton vivant, d'irriter le nerf de la huitième paire (nerf pneumo-gastrique), mis à nu en même temps que le demi-canal, pour voir aussitôt, et tout à la fois, se resserrer et se contracter, et l'ouverture de l'œsophage, et les bords du demi-canal, et l'ouverture du feuillet.

7. Les ouvertures de l'œsophage et du feuillet peuvent donc être fer-

mées; elles peuvent être rapprochées l'une de l'autre ; et c'est le même appareil, l'appareil musculaire du *demi-canal*, qui tout à la fois, et en même temps, les rapproche et les ferme.

8. Le mécanisme si particulier de la rumination tient donc au jeu d'un appareil qui ne l'est pas moins, mais qui jusqu'ici n'avait presque pas été remarqué.

9. Quand je dis que *cet appareil n'avait presque pas été remarqué*, j'entends parler de l'appareil musculaire (1), de *l'anneau allongé* de fibres contractiles qui forme tout à la fois les bords latéraux du demi canal et le bord supérieur des ouvertures de l'œsophage et du feuillet. Je ne vois , en effet, que Daubenton qui en ait parlé, et ce qu'il en dit se réduit à quelques mots :

« La partie de l'œsophage qui aboutit à la panse, au bonnet et au feuillet, » forme, dit-il, une sorte de gouttière qui a des bords renflés par un » muscle demi-circulaire. Je ne décrirai pas ici les différents muscles » que j'ai découverts dans cette partie de l'œsophage; il suffit de donner le » résultat de leurs mouvements. Il est tel que la gouttière de l'œsophage peut » s'ouvrir et se fermer à peu près, comme l'un des coins de notre bouche » peut faire ces deux mouvements, tandis que l'autre coin reste fermé (2).»

(1) Pour la forme et pour tout l'extérieur du *demi-canal*, tous les auteurs en ont parlé, mais aucun d'une manière plus juste que Perrault. Perrault semble même avoir entrevu les véritables usages de ce demi-canal. « L'œsophage, à l'endroit de son entrée dans le ventricule, a, dit-il, une » structure toute particulière dans les animaux qui ruminent; car il produit comme un » demi-canal creusé et enfoncé dans les membranes du second ventricule, et ce demi-canal » est la suite du canal de l'œsophage: il a des rebords, lesquels peuvent, étant joints plus » ou moins avant, allonger le canal de l'œsophage jusque dans le second ventricule, et même » jusque dans le troisième. Cette conformation peut avoir plusieurs usages; car elle peut servir pre-» mièrement à faire retourner dans la bouche les herbes qui y doivent être remâchées, et à compo-» ser des pelotons que l'on voit remonter le long du col aux bœufs quand ils ruminent, ce demi-» canal, avec ses rebords, étant comme une main ouverte qui prend les herbes, et qui, se fermant, » les serre et les pousse en haut. En second lieu, cela peut servir à faire descendre les herbes re-» mâchées et les conduire dans le second ou dans le troisième ventricule, et les empêcher de ren-» trer dans le premier. En troisième lieu, cette conformation peut être propre à conduire la boisson » de manière qu'elle passe dans le second et dans le troisième ventricule, sans entrer dans le » premier...» *OEuv. de physique et de mécanique*, t. II, p. 434.

(2) *Mém. sur la rumin., etc.* (*Mém. de l'Acad. roy. des sciences*, année 1768, p. 392).

10. Ainsi, Daubenton a vu le muscle *demi-circulaire* qui forme les bords saillants du demi-canal ; et cependant ce n'est pas, comme il le dit, la contraction de ce muscle qui ferme ce demi-canal.

La contraction du muscle *demi-circulaire* se borne à fermer les ouvertures de l'œsophage et du feuillet, et à les rapprocher : ce qui ferme le demi-canal lui-même, ou du moins ce qui en rapproche les bords, c'est une couche de fibres transversales qui en tapissent le fond.

11. La figure 2 de la Planche IV représente la pelote que forme l'appareil qui vient d'être décrit.

12. La Planche V représente l'*appareil musculaire* du demi-canal sur les estomacs du bœuf.

§ IX.

1. En résumant tout ce qui précède, on voit, 1° que le trait caractéristique du *vomissement* des *animaux ruminants* consiste en ce que les matières vomies ou ramenées à la bouche, y sont ramenées par portions réglées et détachées ; 2° que la *division* de ces matières en portions réglées et détachées s'opère par un appareil donné ; et 3° que cet appareil donné n'est pas moins particulier à ces animaux que le phénomène même qu'il détermine.

2. L'effet, le but de la *rumination* est, évidemment, de porter aussi loin que possible la division de la *matière alimentaire*.

§ X.

1. En effet, l'objet de la *digestion*, considérée sous un point de vue général, est la transformation ou conversion de la *matière alimentaire* en *fluide nourricier*.

2. Or, on sait, depuis les expériences de Réaumur et de Spallanzani, que cette transformation de l'aliment en *fluide nourricier* ne se fait

qu'au moyen du *fluide gastrique,* c'est-à-dire du fluide sécrété par l'estomac (1).

3. On conçoit donc que la *digestion* sera d'autant plus complète que
l'aliment sera mis plus complétement en rapport avec le *fluide gastrique;*
et qu'elle serait la plus complète possible si chaque molécule, par exemple ,
de l'*aliment,* pouvait être mise en rapport ou en contact avec une molécule du *fluide gastrique.*

4. Or, pour approcher le plus près possible de cette *digestion* qui serait
la plus complète possible , c'est-à-dire où le plus grand nombre possible
de molécules de l'*aliment* serait mis en contact avec le plus grand nombre
possible de molécules du *fluide gastrique,* l'organisation des animaux offre
deux moyens : l'un , l'*étendue la plus grande* de l'appareil, et l'autre, la
division la plus grande de l'aliment ; et il est aisé de voir que ces deux
moyens se trouvent réunis et combinés dans les *animaux ruminants.*

5. D'abord, il n'est point d'animaux dont les *estomacs* soient aussi étendus ; et ensuite il n'en est point où il y ait deux mastications, et où par
conséquent la division de la *matière alimentaire* soit portée plus loin.

6. On a vu , d'une part, que les estomacs de ces animaux sont
au nombre de quatre ; que la *panse,* le plus grand de tous, se partage
comme en quatre autres par des replis intérieurs ; que le *feuillet* a de grandes
lames longitudinales , lesquelles vont à plus de trente dans le mouton , de
quatre-vingts dans le bœuf, etc. ; on a vu , de l'autre , que les aliments
sont mâchés une première fois ; déglutis une première fois ; qu'ils font alors
un certain séjour dans les deux premiers estomacs ; qu'ils s'y ramollissent ;
qu'ainsi ramollis, ils sont ramenés à la bouche ; qu'ils y sont soumis à une
seconde mastication ; qu'ils sont déglutis une seconde fois ; et qu'alors ils
sont comme disséminés dans les trois premiers estomacs, d'où ils arrivent
enfin dans le dernier de tous, dans la *caillette,* où, après tant de préparations
et de modifications , se fait leur conversion définitive en *fluide nourricier.*

7. D'une part donc, la multiplication des surfaces de l'appareil, et de

____

(1) Dans les animaux ruminants , par la *caillette.*

l'autre, la division des parties de l'aliment, sont portées le plus loin possible ; et la combinaison de ces deux moyens explique pourquoi aucun autre genre d'animaux, même parmi les animaux herbivores, n'offre une fonction digestive aussi énergique et aussi puissante que l'est celle des *animaux ruminants*.

SECONDE PARTIE.

Expériences touchant l'action de l'émétique (*tartrate de potasse et d'antimoine*) sur les animaux ruminants.

§ Ier.

1. On vient de voir que le *vomissement propre* des animaux ruminants diffère essentiellement du *vomissement* des animaux ordinaires, en ce que, au lieu d'être comme celui-ci une *réjection confuse et en masse*, il constitue, au contraire, une *réjection* qui ne s'opère que par *portions réglées et détachées*.

2. On va voir, par les expériences qui suivent, qu'une différence non moins essentielle entre cette *réjection* réglée et déterminée, d'une part, et le *vomissement* ordinaire, de l'autre, consiste en ce que ce n'est pas des mêmes estomacs, c'est à-dire des mêmes organes immédiats, que l'un et l'autre de ces deux phénomènes dépendent.

3. La *réjection* des animaux ruminants et le *vomissement* des animaux ordinaires sont donc deux phénomènes essentiellement distincts. Ils diffèrent par leur *nature ;* ils diffèrent par leurs *organes ;* et ce sont là deux points qui me paraissent établis par les expériences suivantes touchant l'*action de l'émétique sur les animaux ruminants*.

4. Ces expériences montrent : 1° que l'*émétique* a sur les animaux ruminants une action constante et déterminée ; 2° que ce n'est pas sur tous les

estomacs indifféremment, mais sur l'un d'eux en particulier, que porte cette action ; et 3° que c'est précisément par cette spécialité d'action sur un estomac donné que s'explique cette difficulté qui a si longtemps embarrassé les physiologistes et les vétérinaires, savoir, comment il se fait que des animaux qui *régurgitent* si facilement, ne *vomissent*, au contraire, qu'avec une peine extrême, ou même ne *vomissent* point.

§ II.

1° *Détermination de l'action de l'émétique sur les animaux ruminants.*

1. On sait, par les expériences de Daubenton, de Gilbert, de M. Huzard, que l'*émétique*, à quelque haute dose qu'il soit donné aux animaux ruminants, ou ne produit aucun effet sensible, ou du moins ne produit que des effets qui ne vont pas jusqu'au *vomissement*.

2. Daubenton donna à un mouton quatre grains (deux décigrammes) d'*émétique* en bol, et à un autre, la même dose en lavage ; et, de plus, il augmenta cette dose, de deux jours l'un, de quatre grains. Or, l'*émétique* en bol ne produisit aucun effet sensible, même à la dose de trente-six grains ; quant à l'*émétique* en lavage, il causa, à la dose de trente-deux grains, des symptômes très graves, mais le mouton ne *vomit* pas (1).

3. Gilbert donna jusqu'à trois gros d'*émétique* à une brebis, quatre gros à une autre, et six gros à une troisième ; et, dans aucun de ces cas, il n'y eut aucun effet sensible (2).

4. M. Huzard a donné d'abord trente-six grains d'*émétique*, comme Daubenton ; il a *successivement quadruplé ensuite cette dose ;* et il n'a jamais produit de *vomissement* (3).

5. Ainsi donc l'*émétique*, à quelque haute dose qu'il soit porté sur les

(1) Daubenton, *sur les remèdes purgatifs bons pour les bêtes à laine.*
(2) *Feuille du cultivateur,* t. VII.
(3) *Annales d'agriculture,* t. XXXI, an 1807.

moutons, ou ne produit aucun effet sensible, ou du moins, comme je viens
de le dire, ne produit que des effets qui ne vont pas jusqu'au *vomissement.*

6. Tel est le résultat des expériences de Daubenton, de Gilbert, de
M. Huzard; et tel, à peu près, a été aussi le résultat des miennes, tant
que je me suis borné à administrer l'*émétique* par la simple déglutition.
Mais il n'en a plus été ainsi dès que, au lieu de le faire avaler à l'animal,
je l'ai injecté dans les veines; car, dans ce cas, les effets ont été aussi
prompts qu'énergiques, quoiqu'il n'y ait jamais eu pourtant de *vomissement.*

§ III.

1. J'injectai, dans la veine jugulaire d'un mouton, dix grains d'*émétique*
(*tartrate de potasse et d'antimoine*) dissous dans l'eau. A peine quelques
minutes s'étaient-elles écoulées que l'animal parut excessivement essoufflé:
bientôt survinrent quelques légers efforts de *vomissement;* et ces efforts
devinrent de plus en plus violents. L'animal était gonflé; il grinçait des
dents; il écumait; à chaque violent effort on eût dit qu'il allait vomir, ou
même qu'il avait vomi, si je puis ainsi dire, *intérieurement;* car on le
voyait, après chacun de ces efforts, comme occupé, pendant un certain
temps, à *ravaler quelque chose.*

Ces efforts de vomissement durèrent à peu près une heure; mais il n'y
eut jamais aucune *réjection de matières,* c'est-à-dire aucun *vomissement
réel* et *effectif.*

2. J'ai répété cette expérience sur plusieurs autres moutons, en variant
la dose de l'*émétique,* depuis quatre grains jusqu'à vingt. Dans tous ces cas,
il y a eu des efforts plus ou moins violents de *vomissement,* mais, dans
aucun, il n'y a eu de *vomissement.*

3. Ainsi donc, même injecté dans les veines, et injecté à haute dose,
l'*émétique* se borne, sur les moutons, à produire des efforts de *vomissement,* et il ne produit pas de *vomissement.*

4. D'une part donc, l'*émétique* a, sur les moutons, la même action exci-

tatrice des efforts de vomissement (1) que sur les autres animaux, et, de l'autre, il ne produit pourtant pas, sur les moutons, de *vomissement.* A quoi peut tenir cette circonstance?

§ IV.

2° *Détermination de l'estomac sur lequel l'ÉMÉTIQUE porte son action, dans les animaux ruminants.*

1. On a vu, par les expériences précédentes sur le *mécanisme de la rumination,* que c'est aux *anus artificiels,* pratiqués successivement à chacun des quatre estomacs, que j'ai dû la détermination du rôle particulier que chacun de ces estomacs joue dans ce mécanisme.

2. C'est à ces mêmes *anus artificiels* que j'ai dû la détermination de l'estomac sur lequel l'*émétique* agit.

3. En effet, quand on pratique un *anus artificiel* à l'un ou à l'autre des trois premiers estomacs, on n'observe que les phénomènes généraux et relatifs à la *rumination,* que j'ai déjà décrits.

4. Mais il n'en est pas de même pour la *caillette;* car à peine y a-t-on pratiqué une ouverture, que les replis lâches et mous de son intérieur tombent au dehors en se déroulant, et que l'animal ne tarde pas à être

____

(1) La *force excitatrice du vomissement* dépend essentiellement du système nerveux. Dans mes nombreuses expériences sur les *lobes* ou *hémisphères cérébraux,* j'ai remarqué que, sur les pigeons, l'ablation de ces lobes provoque le vomissement, lorsque le jabot est plein : cette même ablation, opérée de même pendant la plénitude du jabot, est, au contraire, suivie, sur les poules et les coqs, de la défaillance de l'animal ; on ne prévient sa mort qu'en ouvrant immédiatement le jabot, pour le vider. Dans ces deux cas, l'ablation des lobes cérébraux réagit donc sur l'estomac ; mais, dans l'un, elle provoque le vomissement, et, dans l'autre, la défaillance.

Si, sur un animal vivant, on irrite le nerf de la huitième paire (nerf pneumo-gastrique), on voit l'œsophage, mis a nu, se resserrer en certains points, se gonfler en d'autres, en un mot, se contracter, se mouvoir. Sur les moutons, en particulier, on voit l'ouverture cardiaque de l'œsophage se resserrer ou se contracter, ainsi que les bords du demi-canal et l'ouverture du feuillet.

Les deux nerfs de la huitième paire étant coupés, sur un mouton, il ne *rumine* plus ; à peine si quelquefois il essaie de manger ; il n'avale pas ; il reste immobile ; sa respiration devient gênée, laborieuse ; il menace de suffoquer à chaque instant, et ne survit quelques jours dans cet état pénible, qu'autant qu'on lui ouvre la trachée-artère.

pris d'un essoufflement profond ; essoufflement tout-à-fait pareil à celui que l'on voit succéder à l'injection de l'*émétique* dans les veines, et qui, pour plus de parité encore, s'accompagne bientôt de tous les autres symptômes de ce dernier essoufflement, c'est-à-dire du gonflement de l'abdomen, du grincement des dents, de l'écume à la bouche, et enfin de véritables efforts de vomissement, quoique moins violents que dans le cas de l'injection de l'*émétique*.

5. Voilà donc un estomac donné, et un estomac seul entre tous les autres, dont la lésion directe, dont la lésion mécanique amène et provoque les mêmes symptômes que l'action même de l'*émétique*.

6. Ainsi donc, la *lésion mécanique* de la *caillette* produit les mêmes effets que l'*injection de l'émétique dans les veines* ; c'est donc sur cet estomac même, et sur cet estomac seul entre tous les autres, que porte l'action de l'*émétique*.

§ V.

3° Détermination des conditions organiques qui rendent le VOMISSEMENT *si difficile pour les animaux ruminants.*

1. Or, ce point établi, savoir, que c'est sur la *caillette*, et sur la *caillette* seule, que l'*émétique* agit, rien n'est plus aisé que d'expliquer pourquoi la *régurgitation* est si facile pour ces animaux, et pourquoi le *vomissement*, au contraire, leur est si difficile. C'est que, comme je viens de le dire, ce n'est pas par les mêmes estomacs, c'est-à-dire par les mêmes organes immédiats, que l'un et l'autre de ces deux phénomènes s'opèrent.

2. En effet, on a vu, par les précédentes expériences, que les deux premiers estomacs seuls concourent immédiatement, soit par eux-mêmes, soit par l'appareil particulier qu'ils contiennent, à la *régurgitation* ou retour à la bouche *des aliments;* et l'on vient de voir, par ces expériences touchant l'*action de l'émétique*, que ce n'est ni sur l'un ni sur l'autre de ces deux estomacs, mais sur la *caillette*, c'est-à-dire sur un

estomac qui précisément ne concourt pas à la *régurgitation*, que cette action porte.

3. Les estomacs de la *régurgitation* et ceux du *vomissement* ne sont donc pas les mêmes; et cela seul suffit pour expliquer pourquoi l'un de ces phénomènes est si facile, et l'autre, au contraire, si difficile.

4. Plus on examine, en effet, la structure, et des deux premiers estomacs, et du demi-canal, et de l'œsophage, c'est-à-dire de toutes les parties qui concourent immédiatement à la *régurgitation* ou retour à la bouche *des aliments*, plus on voit que tout y est disposé pour faciliter et déterminer cette *régurgitation*.

5. Tout est disposé, au contraire, dans la *caillette* pour rendre plus ou moins difficile le *vomissement*, ou le retour à la bouche, des matières qu'elle contient. D'abord, cet estomac est le dernier de tous; il faudrait donc que, pour revenir à la bouche, les matières qu'il contient traversassent tous les autres estomacs. Ensuite, il y a, à l'ouverture par laquelle il communique avec le *feuillet*, un repli plus ou moins marqué, repli qui fait, jusqu'à un certain point, fonction de valvule, et qui s'oppose ainsi, plus ou moins, au retour ou à la rétrogradation des matières (1); de plus, la *caillette*, pressée par les muscles abdominaux et le diaphragme, ne peut se contracter sans que les autres estomacs (et par conséquent le *feuillet*) se contractent aussi, et le feuillet ne peut se contracter sans que son *ouverture supérieure* se ferme, comme il a été précédemment montré; enfin, la *caillette* étant le plus mou, le plus lâche, le moins résistant des quatre estomacs, il s'ensuit que la compression des muscles abdominaux et du diaphragme portera toujours beaucoup plus sur ceux-ci, surtout sur les deux premiers, que sur la *caillette*.

6. Tout est donc disposé, dans les animaux ruminants, pour rendre la *réjection* des deux premiers estomacs facile; et tout y est disposé, au con-

---

(1) J'ai souvent rempli d'eau la caillette après la mort de l'animal ; puis j'ai lié l'*ouverture pylorique* ou inférieure, et j'ai toujours vu alors qu'un léger effort m'a suffi pour faire repasser l'eau, par l'*ouverture supérieure* de la *caillette*, dans le *feuillet*. Cette espèce de repli valvulaire n'est donc pas un obstacle *absolu*, mais un obstacle qui concourt avec tous les autres pour rendre plus difficile la *réjection par la caillette*.

traire, pour rendre la *réjection* du dernier, c'est-à-dire le véritable *vomissement*, difficile.

7. Je ne dis pas *impossible,* car quelques auteurs assurent avoir vu des animaux ruminants *vomir.*

8. Il y a pourtant sur ces cas de *vomissement,* d'ailleurs très rares, rapportés par ces auteurs, deux remarques à faire : la première, c'est que ces cas de *vomissement* dépendaient presque toujours de quelque maladie, c'est-à-dire de quelque altération qui pouvait avoir changé les rapports naturels des parties; et la seconde, c'est que dans ces cas mêmes, et d'après les expressions des auteurs qui les rapportent, tout montre que c'était de la *panse,* et non de la *caillette,* que venaient les matières rejetées, et par conséquent que c'était là, non un véritable *vomissement,* c'est-à-dire une *réjection de la caillette,* mais une simple *réjection ordinaire,* quoique *viciée,* de la *panse.*

§ VI.

1. On voit :

1° Que l'*émétique* produit sur les moutons les mêmes effets généraux (c'est-à-dire la même action excitatrice de toutes les puissances qui provoquent ou déterminent le *vomissement*) que sur les animaux ordinaires;

2° Que parmi les divers estomacs des animaux ruminants, c'est sur la *caillette,* c'est-à-dire sur celui-là même qui seul, entre tous ces estomacs, répond par sa structure, comme par ses fonctions, à l'estomac simple des animaux ordinaires, que l'*émétique* porte son action;

3° Que c'est à la disposition particulière et tout opposée de cet estomac, par rapport à ceux de la *régurgitation,* que tiennent, d'une part, la facilité que les animaux ruminants ont à *régurgiter,* c'est-à-dire à *rejeter,* ou ramener à la bouche les matières contenues dans les deux premiers estomacs ; et, de l'autre, la difficulté qu'ils ont à *vomir,* c'est-à-dire à *rejeter,* ou ramener à la bouche les matières contenues dans le quatrième.

2. Et maintenant, si l'on se rappelle que ce quatrième estomac est celui

où se fait la conversion définitive de l'aliment en *fluide nourricier*, celui qui contient les matières *ruminées*, les matières qui, par conséquent, ne doivent plus revenir à la bouche, tandis que les deux premiers estomacs, au contraire, sont ceux où l'aliment ne subit qu'une certaine *préparation*, ceux qui ne contiennent que les matières *non ruminées*, les matières qui, par conséquent, doivent revenir à la bouche, on verra tout de suite pourquoi tout devait être disposé et pour rendre difficile le *vomissement* ou la *réjection* du quatrième estomac, et pour faciliter, au contraire, le *vomissement* ou la *réjection* des deux premiers.

3. Il est évident, en effet, que, sans cette disposition opposée des deux premiers estomacs et du quatrième par rapport au *vomissement*, les matières *ruminées* du quatrième eussent été constamment mêlées, confondues et ramenées à la bouche avec les matières *non ruminées* des deux premiers; confusion et mélange que tout a précisément eu pour objet de prévenir dans le *mécanisme* si compliqué, mais si industrieusement compliqué, *de la rumination.*

EXPLICATION DE LA PLANCHE III.

Elle représente l'appareil formateur des pelotes, l'œsophage et une portion de chacun des quatre estomacs du mouton. Ces différents organes sont ouverts de manière à laisser voir leur cavité.

1. Œsophage. On y remarque des replis de la membrane muqueuse. Un en *a* est très prononcé.

2. Panse. Sa surface est hérissée de grosses papilles.

3. Bonnet. La membrane muqueuse y a une apparence réticulée.

4. Feuillet.

5. Caillette.

6. Demi-canal dont les limites sont latéralement :

7, 7. Les rebords longitudinaux saillants, et, en bas, l'ouverture par laquelle il communique avec le feuillet.

Son extrémité supérieure est indiquée dans l'œsophage par le repli *a* de la membrane muqueuse.

PLANCHE IV.

Fig. 1re. Elle représente l'appareil formateur des pelotes, l'œsophage et une portion de la panse et du bonnet. Ces différents organes, excepté l'œsophage, sont ouverts, et l'on en a détaché la membrane muqueuse, afin de montrer les plans musculaires.

1. Œsophage.

2. Membrane muqueuse de l'œsophage coupée au niveau de l'extrémité supérieure du demi-canal.

3. Panse.

4. Bonnet. La membrane muqueuse y a été détachée des fibres musculaires qu'elle recouvrait.

5. Fibres obliques se continuant avec les fibres circulaires de l'œsophage et constituant le plan musculaire superficiel avec

6. D'autres fibres obliques qui se réunissent pour constituer

7, 7. Les faisceaux longitudinaux du demi-canal.

8. Fibres transverses formant le deuxième plan musculaire et bien moins fortes que les fibres transverses *g* du demi-canal, lesquelles ne sont recouvertes que par la membrane muqueuse.

Ces dernières fibres transverses, ces fibres transverses du demi-canal se recourbent en haut et en bas, de manière que leur bord forme avec les fibres des faisceaux longitudinaux, également recourbées en ces points, deux sphincters, l'un pour l'ouverture de l'œsophage, et l'autre pour celle du feuillet.

10. Membrane muqueuse du feuillet.

Fig. 2ᵉ. Cette figure représente une pelote formée par le demi-canal et par les ouvertures fermées du feuillet et de l'œsophage.

PLANCHE V.

Estomacs du bœuf. Plans musculaires de l'appareil formateur des pelotes, de l'œsophage et des estomacs.

Fig. 1ʳᵉ. 1. On a fendu l'œsophage pour montrer sa face interne, revêtue d'une membrane muqueuse fortement plissée :

2. Ouverture de l'œsophage dans la panse.

3,3,3. Membrane muqueuse renversée laissant voir les plans musculaires.

4. L'un des deux faisceaux musculaires qui se réunissent en haut et en bas pour former une sorte de sphincter.

5. Plan musculaire oblique appartenant en partie aux faisceaux musculaires.

6. Même plan musculaire dont la direction est devenue transversale.

7. Ouverture du feuillet.

8. Plan musculaire transversal du demi-canal.

Fig. 2ᵉ. Portion des estomacs recouverte par la membrane muqueuse.

1'. Membrane muqueuse, vue dans l'œsophage et dans le demi-canal.

3,3. Membrane muqueuse de la panse et du bonnet.

4. Fibres musculaires coupées dans le point où elles se réunissent après avoir formé les rebords saillants du demi-canal.

a. Les rebords du demi-canal revêtus de la membrane muqueuse.

Fig. 3ᵉ. Elle représente la même portion des estomacs du bœuf que la fig. 2ᵉ. Cette portion des estomacs a été préparée de manière à montrer les plans musculaires superficiels et profonds.

3. Membrane muqueuse de la panse et du bonnet.

b. Cette membrane muqueuse renversée.

8. Plan musculaire transversal du demi-canal coupé et renversé.

c. Quelques unes des fibres de ce plan laissées en place.

9. Plan musculaire longitudinal qui appartient aux muscles du pharynx.

10. Fibres musculaires transversales de l'œsophage.

III.

EXPÉRIENCES

sur le

MÉCANISME DE LA RESPIRATION

DES POISSONS.

§ I.

1. Dès qu'il a été démontré que ce n'est pas l'eau que les poissons *respirent*, mais seulement l'air contenu dans l'eau, il a été naturel de se demander quel était donc le rôle que jouait l'eau dans la respiration des poissons.

2. Or, l'eau ne peut avoir, dans la respiration des poissons, que trois genres d'actions : ou une *action chimique*, et supposé que, n'étant pas *respirée*, c'est-à-dire *décomposée* par les poissons, comme je viens de le dire, elle ait pourtant une pareille action, je ne m'en occupe point ici; ou une *action physique*, comme, par exemple, de prévenir le desséchement des branchies, et l'on verra bientôt qu'on a beaucoup trop exagéré l'étendue de cette action; ou une *action mécanique*, et l'on verra bientôt encore que c'est précisément ce genre d'action, assez peu connu jusqu'ici, qui est le principal.

3. Ainsi donc, l'eau joue-t-elle un rôle dans le mécanisme de la

respiration des poissons, et quelle est la limite de ce rôle ; ou , en d'autres termes , quels sont les divers ressorts du mécanisme de la respiration des poissons , et jusqu'à quel point l'intervention de l'eau est-elle nécessaire à l'accomplissement de ce mécanisme ? Ce sont là les questions à la détermination desquelles ont été consacrées ces expériences.

4. Malpighi (1) est le premier qui ait fait connaître la singulière diversité de structure qu'offre l'appareil respiratoire dans les différents animaux ; Perrault (2) et Duverney (3) ont montré ensuite que le mécanisme, ou le jeu, de cet appareil ne variait pas moins que sa structure ; et Duvernéy (4), le premier, a mis dans tout son jour cette grande proposition : que , quelque varié que soit ce mécanisme, quelque variée que soit cette structure , le but fondamental, le but définitif de toute structure , comme de tout mécanisme respiratoire, est toujours de présenter le sang à l'air dans l'état de la plus extrême division possible.

5. Mais, pour que l'organe présente le sang à l'air dans cet *état extrême de division*, il faut évidemment que cet organe acquière la plus grande étendue, la plus grande surface, le plus grand développement possibles. Or, la question ainsi précisée, tout le monde voit que la détermination du mécanisme par lequel chaque animal respire n'est autre chose que la détermination du mécanisme par lequel l'organe respiratoire de chaque animal se déploie et se développe.

6. Dans les animaux à poumons vésiculeux (mammifères, oiseaux, reptiles) deux ressorts distincts concourent au développement de l'organe respiratoire : l'un , le mouvement actif de l'appareil extérieur de la respiration ; l'autre , l'élasticité de l'air.

7. Ainsi, dans les mammifères, dans les oiseaux , c'est d'abord le thorax (c'est-à-dire l'appareil extérieur doué , dans ces animaux, d'un mouvement actif) qui se dilate ; les poumons se dilatent par suite du thorax, et l'air

(1) Malpighi, *Opera omnia, etc. (De pulm. Epist.)*
(2) Perrault , *OEuvres de physique , etc.*
(3) Duverney, *Mémoire sur la circulation des poissons et sur leur respiration, etc.; Mém. de l'Académie royale des sciences de Paris*, année 1701.
(4) *Ibid.*

pénétrant de lui-même dans les poumons en partie dilatés , achève et accomplit leur développement.

8. Dans certains reptiles , nommément dans les batraciens , le mécanisme a un peu changé. Ce n'est plus le thorax , c'est la gorge qui se dilate ; l'air ne pénètre plus de lui-même dans les poumons, il y est poussé par la contraction de la gorge ; mais quoique le mécanisme ait changé , le résultat est toujours le même , et ce sont toujours les mêmes ressorts , ou des ressorts de même genre, qui amènent ce résultat.

9. Ainsi donc , que ce soit le thorax ou la gorge qui se dilate , que l'air pénètre de lui-même dans les poumons, ou qu'il y soit poussé par les contractions de la gorge , c'est toujours par l'action combinée de ces deux ressorts , le mouvement actif d'une partie quelconque de l'appareil extérieur, d'une part, et l'élasticité de l'air, de l'autre, que le développement des poumons ou de l'organe respiratoire est produit dans les animaux des trois premières classes. Les ressorts qui déterminent le développement de l'organe respiratoire, dans les poissons, sont-ils les mêmes , ou bien l'un d'eux a-t-il changé , et quel est-il ? C'est là , comme l'on va voir , toute la question.

§ II.

1. L'appareil respiratoire des poissons (du moins de la plupart, et de ceux en particulier sur lesquels ont été faites ces expériences, la carpe, la tanche, etc.) se compose, comme celui des autres animaux vertébrés , de deux appareils distincts : un appareil extérieur, et un appareil intérieur.

2. L'appareil extérieur comprend les deux mâchoires , l'arcade palatine, l'hyoïde , les opercules, les rayons et la membrane branchiostèges ; l'appareil intérieur se compose de quatre paires de branchies, portées sur quatre paires d'arcs.

3. Chaque branchie se compose de deux feuillets ; chaque feuillet, d'un rang de lames ou franges ; ces lames ou franges, libres à leur sommet, sont réunies à leur base ; et ce sont ces lames, ces franges, ces feuillets, ces *branchies,* en un mot, qui, comme chacun sait, sont l'organe respiratoire même, ou les poumons des poissons.

4. Duverney a non seulement fait connaître presque tous les détails de cette structure aussi curieuse que compliquée ; il a fait connaître encore la route que suit le sang , soit pour se porter du cœur aux branchies, soit pour se porter des branchies au reste du corps. Duverney a même indiqué, et toujours avec sa précision savante, la plupart des mouvements qui constituent le mécanisme de la respiration des poissons : le mouvement de la bouche, celui des lèvres, celui de la gorge, celui des opercules, celui des arcs branchiaux, etc.

5. Mais Duverney n'a vu qu'une partie de ce mécanisme ; et c'est pour n'avoir pas vu ce mécanisme tout entier qu'il n'a donné qu'une explication erronée de ce phénomène si singulier, et qui embarrasse depuis si longtemps les physiologistes, savoir : que, bien que les poissons ne respirent dans l'eau que l'air, ils meurent par asphyxie dans l'air, où pourtant, et puisque ce n'est pas l'eau mais l'air qu'ils respirent, ils devraient respirer plus commodément que dans l'eau.

§ III.

1. Si l'on examine un poisson qui respire dans l'eau, on distingue bientôt les deux mouvements principaux qui constituent sa respiration, et que Duverney a si bien décrits. Dans l'un, toutes les parties de l'appareil, la bouche, la gorge, l'arcade palatine, les opercules, les rayons et la membrane branchiostèges, les arcs branchiaux, s'élargissent et se dilatent ; l'eau entre par la bouche, et c'est l'inspiration : dans l'autre, toutes ces parties se resserrent, se rapprochent, se rétrécissent ; l'eau, pressée de toute part, sort par l'ouverture des ouïes, et c'est l'expiration.

2. Mais tous ces mouvements , quelque variés, quelque nombreux qu'ils soient, composent-ils à eux seuls tout le mécanisme respiratoire ? Non, car tous ces mouvements ne sont qu'un moyen, ce moyen a un but, ce but est le développement des branchies ou de l'organe respiratoire même.

3. Ce n'était donc pas tout que d'avoir vu le mécanisme par lequel s'effectuent tous ces mouvements ; il fallait encore voir quel est le mécanisme

par lequel tous ces mouvements concourent à opérer le développement des branchies ; il fallait voir s'ils suffisent pour l'opérer ; il fallait voir s'ils l'opèrent également dans l'air et dans l'eau : et ce sont là tout autant de points que Duverney n'a ni vus ni songé à voir.

4. Ainsi donc, Duverney a vu le mécanisme par lequel se meuvent presque toutes les parties de l'appareil ; ce qu'il n'a pas vu, c'est le développement des branchies, pour lequel seul pourtant tout ce mécanisme est fait : omission d'un grand anatomiste qui n'a point été réparée depuis, du moins à ma connaissance.

§ IV.

1. La détermination du mode selon lequel se développent les branchies étant, conséquemment à ce que je viens de dire, le point important et le point jusqu'ici négligé du mécanisme respiratoire, c'est de cette détermination que j'ai dû m'occuper d'abord.

2. Or, si l'on examine un poisson qui respire dans l'eau, d'une respiration libre et régulière, on voit ses branchies et toutes les parties de ses branchies s'approcher et s'écarter, ou, en d'autres termes, se resserrer et se développer tour à tour.

3. Pour mieux suivre ce mécanisme du mouvement des branchies dans tous ses détails, j'ai successivement enlevé sur plusieurs tanches et sur plusieurs carpes, soit l'opercule d'un seul côté, soit les deux opercules ; et comme ces ablations n'ont pas empêché ces poissons de survivre durant plusieurs jours (1), j'ai pu répéter et varier, avec tout le soin convenable, mes observations.

4. J'ai donc vu que, pendant la respiration, les branchies, 1.° s'écartent et se rapprochent tour à tour les unes des autres ; 2° qu'elles s'écartent l'une de l'autre en se portant en avant, et qu'elles se rapprochent en se

____

(1) Quoique, dès l'ablation même des opercules, l'énergie du mécanisme respiratoire, soit pour l'inspiration, soit pour l'expiration, et conséquemment pour le renouvellement ou le passage de l'eau, fût très diminuée. Aussi les poissons à opercules enlevés ne font-ils presque plus aucun mouvement, et faut-il renouveler beaucoup plus souvent l'eau dans laquelle ils sont placés.

portant en arrière ; 3° que, dans leur rapprochement, elles ne vont jamais jusqu'à se toucher, et gardent toujours une certaine distance entre elles ; 4' qu'au contraire, les deux feuillets de chaque branchie, après s'être brusquement détachés et écartés, se réappliquent promptement et complétement l'un sur l'autre ; 5° que les branchies sont continuellement agitées d'un double mouvement d'extension et de raccourcissement alternatifs, d'une part, et de rotation d'arrière en avant et d'avant en arrière, de l'autre ; et 6° que les lames ou franges de chaque feuillet, après s'être écartées, se rapprochent et vont quelquefois jusqu'à se toucher (1).

5. Après avoir ainsi déterminé les divers genres de mouvements propres à chacune de ces parties, je voulus déterminer l'ordre que ces mouvements observent entre eux.

6. Or, je vis bientôt, et toujours sur des carpes et des tanches dont les opercules étaient enlevés, 1° que la rotation des arcs et des branchies en avant, la séparation des deux feuillets de chaque branchie, l'éloignement des lames ou franges de chaque feuillet, c'est-à-dire tous les mouvements d'écartement ou de développement s'opéraient simultanément ; 2° que, par opposition, la rotation des arcs et des branchies en arrière, la rejonction des feuillets, le réappliquement des lames, c'est-à-dire tous les mouvements, de resserrement ou de rétrécissement, s'opéraient simultanément de même ; et 3° que chacun de ces deux mouvements principaux, soit de resserrement, soit de développement, correspondait toujours au mouvement pareil des parties extérieures de la respiration, c'est-à-dire des opercules, de

---

(1) J'ai vu, en second lieu (ce qui avait été déjà plus ou moins bien vu par d'autres), que les arcs branchiaux, 1° ont chacun deux mouvements distincts, l'un, de rotation d'avant en arrière et réciproquement ; l'autre, d'élongation et de raccourcissement alternatifs (mouvement d'élongation et de raccourcissement qui, comme le mouvement particulier de l'arcade palatine, avait échappé à Duverney, et qui, comme le mouvement de cette arcade, a été décrit depuis par G. Cuvier) ; 2° que le mouvement de rotation ou de transport en avant correspond toujours au mouvement d'élongation, et le mouvement de rotation en arrière, au mouvement de raccourcissement ; 3° que le mouvement de rotation en avant écarte les arceaux, et que celui de rotation en arrière les rapproche ; et, 4°, ce qui se voit surtout par la bouche maintenue ouverte, que le mouvement d'écartement va jusqu'à amener un vide entre les dentelures des arceaux, et le mouvement de rapprochement, jusqu'à porter ces dentelures les unes sur les autres.

l'hyoïde, de l'arcade palatine, des deux mâchoires, et enfin des rayons et de la membrane branchiostèges.

7. Je n'entre point ici dans le détail des mouvements de ces dernières parties ; mouvements qui, pour la plupart, ont été si bien indiqués par Duverney, comme je l'ai déjà dit, et qui d'ailleurs, comme tout ce qui tient à la structure de l'appareil respiratoire des poissons, ont été si complétement exposés depuis dans deux grands ouvrages de G. Cuvier (1).

8. Je reviens au développement ou écartement des branchies, et à la concordance de ce développement avec celui de toutes les autres parties de l'appareil.

9. Ainsi donc le mécanisme respiratoire des poissons se compose de deux mécanismes distincts, celui de l'appareil extérieur et celui de l'appareil intérieur.

10. Voyons maintenant quels sont les ressorts par lesquels ces deux mécanismes s'opèrent, soit dans l'air, soit dans l'eau, et jusqu'à quel point l'un et l'autre s'opèrent dans l'un ou l'autre de ces deux milieux.

§ V.

1. Si on examine un poisson qui respire dans l'eau, on voit ses mâchoires, son hyoïde, son arcade palatine, ses opercules, ses arcs branchiaux, etc., se mouvoir dans un certain ordre, dans l'ordre qui vient d'être décrit.

2. Si l'on met ce poisson dans l'air, toutes ces parties non seulement se meuvent encore, mais elles se meuvent avec une énergie, avec une violence qu'elles n'avaient pas dans l'eau.

3. Cependant le poisson, dans l'air, meurt bientôt par asphyxie. Ainsi donc, ni le mouvement de toutes ces parties, puisqu'il subsiste, ni l'inter-

---

(1) Ses *Leçons d'anatomie comparée*, et son *Histoire naturelle des poissons*. Voyez aussi, sur le mécanisme et la structure de l'appareil respiratoire des poissons : Broussonnet, *Mém. de l'Académie royale des sciences de Paris*, année 1785 ; — M. Duméril, *Mém. sur le mécanisme de la respiration des poissons*, etc., etc.

vention de l'air, puisque l'animal y est plongé, ne suffisent pour l'accomplissement de sa respiration.

4. Si, ne bornant plus son attention aux mouvements de l'appareil extérieur, on examine ce qui se passe dans les branchies mêmes, on voit ces branchies et toutes les parties de ces branchies, quand le poisson respire dans l'eau, se mouvoir, et se mouvoir dans l'ordre (d'écartement et de rapprochement alternatifs) que j'ai exposé plus haut.

5. Mais si l'on met ce poisson dans l'air, tout aussitôt ses branchies ne se meuvent plus. Il n'en est donc pas de leur mouvement comme du mouvement de l'appareil extérieur ; celui-ci persiste dans l'air, et celui des branchies n'y persiste pas.

6. J'ai souvent observé, sur plusieurs tanches, sur plusieurs carpes, soit que les opercules fussent enlevés ou non, l'état des branchies, quand le poisson est dans l'air, et j'ai toujours vu qu'au lieu et de l'écartement des branchies, et de celui de leurs feuillets, et de celui de leurs lames, tous écartements qui constituent le développement des branchies dans l'eau, ces branchies et toutes leurs parties ne formaient plus, dans l'air, qu'une masse, un faisceau solide : à peine si ce faisceau tout entier se mouvait un peu et en bloc (1) ; à peine si les branchies, ébranlées par les efforts violents de l'appareil extérieur, glissaient un peu les unes sur les autres ; mais aucune partie de cette masse, de ce faisceau solide qu'elles formaient, ne se détachait, ne se séparait, ne s'écartait plus ; toutes ces parties restaient attachées et collées les unes aux autres.

7. En replongeant, au contraire, l'animal dans l'eau, je voyais aussitôt toutes ces parties se détacher et se séparer ; les branchies prendre une certaine distance entre elles ; leurs feuillets s'ouvrir et se fermer tour à tour, et tour à tour leurs lames s'éloigner et se rapprocher.

8. Or, le développement total des branchies n'est que le résultat de l'é-

---

(1) Quelquefois, dans le mouvement des opercules, une branchie (en général, l'antérieure ou la postérieure) reste collée ou à l'opercule (l'antérieure), ou au corps (la postérieure), et se trouve ainsi accidentellement séparée du faisceau commun.

cartement partiel de chacune de leurs parties : cet écartement n'ayant plus
lieu dans l'air, les branchies ne s'y développent donc pas. D'un autre côté,
le développement des branchies étant le but final de tout le mécanisme respiratoire , et ce développement ne s'opérant plus dans l'air, l'animal ne
respire donc réellement plus dans l'air, ou il n'y respire que d'une manière
très imparfaite , et conséquemment il y succombe bientôt par asphyxie.
Enfin le mouvement actif de l'appareil extérieur (et je n'excepte pas celui
des arcs branchiaux, car il subsiste dans l'air comme celui de toutes les
parties de l'appareil extérieur) ne suffit pas sans l'intervention de l'eau
pour opérer le développement des branchies, pas plus que le mouvement
actif du thorax, par exemple , dans les mammifères et les oiseaux, ne suffirait pour développer les poumons sans l'intervention de l'air.

9. Ainsi, dans un mammifère, quand le thorax est ouvert, l'air ne pénétrant plus dans les poumons , ces poumons ne se dilatent plus aussi; mais
les mouvements du thorax n'en subsistent pas moins un certain temps encore : ces mouvements subsistent surtout longtemps, si un seul côté du
thorax est ouvert, parce qu'alors l'animal respire par le développement du
poumon de l'autre côté.

10. Or, ces poumons du mammifère qui, le thorax ouvert, ne se dilatent
plus, bien que tous les mouvements du thorax persistent, ce sont ces
branchies du poisson qui, l'animal étant dans l'air, ne se développent plus,
bien que tous les mouvements et des opercules, et des mâchoires, et de
l'arcade palatine, etc., subsistent : dans les deux cas, l'organe respiratoire
est plongé dans l'air; mais, dans les deux cas, il ne se développe pas , et
il est tout aussi naturel, dans l'un de ces cas que dans l'autre, que l'animal
succombe par asphyxie.

§ VI.

1. L'eau joue donc un rôle constant et déterminé dans le mécanisme de
la respiration des poissons; et ce rôle est tel que, si l'on plonge dans

l'eau un poisson mort (1), on voit ses branchies et toutes leurs parties, leurs feuillets, leurs lames, jusqu'aux arcs branchiaux, prendre un certain écartement entre elles et le garder ; mais, 1° cet écartement n'est plus aussi prononcé que pendant la vie de l'animal, et 2° il ne s'y joint plus ce mouvement continuel qu'on y observait alors.

2. Ainsi donc, c'est l'eau qui écarte les branchies et qui les maintient dans un certain écartement donné ; et c'est le mouvement actif de l'appareil, joint à l'intervention de l'eau, qui les meut et qui porte leur écartement au plus haut degré qu'il leur soit possible d'atteindre.

3. Deux ressorts distincts déterminent donc le développement de l'organe respiratoire des poissons : l'un, le mouvement actif des diverses parties de l'appareil ; l'autre, l'intervention de l'eau.

4. Maintenant, pour concevoir comment l'écartement et le mouvement des branchies s'opèrent facilement dans l'eau, et comment, au contraire, ils ne peuvent pas s'opérer dans l'air, il n'y a qu'à réfléchir sur les deux points suivants.

5. 1° L'eau maintient les branchies et toutes leurs parties, leurs feuillets, leurs lames, isolés ; voilà donc un premier écartement qui se fait sans aucun effort de la part de l'animal : dans l'air, au contraire, toutes ces parties, par leur affaissement, se superposent, et il faudrait, pour surmonter leur force d'adhérence, une force à laquelle l'énergie musculaire de l'animal ne suffirait pas.

6. 2° Quant au mouvement oscillatoire des feuillets et des lames, il suffit, dans l'eau, pour le produire, du plus léger effort, parce que ces lames et ces feuillets y sont dans un état presque d'équilibre ; pour les mouvoir dans l'air, au contraire, il faudrait surmonter l'action totale de leur pesanteur.

7. Ainsi donc, l'eau, 1° isolant toutes les parties de l'organe branchial,

(1) D'un autre côté, si, un poisson vivant étant mis dans l'air, on répand de l'eau sur ses branchies, on voit aussitôt toutes les parties de ces branchies se détacher ou se décoller, l'eau pénétrer plus ou moins dans tous leurs interstices, atteindre plus ou moins toutes leurs surfaces ; et c'est là le mécanisme par lequel l'eau aérée, répandue sur les branchies, prolonge la respiration des poissons dans l'air.

supprime tout besoin d'effort musculaire pour ce premier isolement;
2° maintenant toutes ces parties presque dans un état d'équilibre, elle diminue d'autant la quantité de force musculaire qu'il eût fallu dépenser pour
leur mouvement; 3° c'est parce que, dans l'air, l'animal n'est plus aidé par
une pareille intervention que, réduit à ses seules forces, il ne peut plus ni
isoler ni mouvoir ces parties; et 4° enfin c'est à la diversité d'action ou de
concours des deux milieux (l'air ou l'eau) où elles sont plongées que tient
la possibilité ou la non-possibilité du développement et du mouvement
de toutes ces parties.

8. On sent donc que, pour ce qui n'est que du mécanisme, tout autre
liquide pourrait y servir aussi bien que l'eau : aussi ai-je vu le mécanisme
respiratoire des poissons s'opérer dans du vin , dans de l'huile , etc., bien
que les qualités nuisibles de ces liquides et le défaut d'air permissent à
peine à l'animal d'y vivre quelques instants.

9. On sent encore que, puisque la respiration du poisson ne dépend,
quant au mécanisme, que du développement des branchies, si l'on entra-
vait ce développement dans l'eau, l'animal y succomberait bientôt par
asphyxie, comme dans l'air.

10. Il y a un moyen fort simple d'empêcher le développement des branchies dans l'eau, c'est de lier les opercules. Si la ligature est serrée au
point de ne permettre aucun mouvement aux opercules et à l'hyoïde, l'a-
nimal succombe bientôt; si, au contraire, la ligature est assez lâche pour
permettre aux opercules un certain mouvement, qui ne va pourtant pas
jusqu'à laisser passer l'eau par l'ouverture des ouïes, alors l'eau est tour à
tour avalée et rejetée par la bouche, et l'animal *inspire* et *expire* par la
même ouverture, comme les vertébrés aériens.

11. Mais la ligature des opercules, quand elle est très serrée, empêchant l'eau de pénétrer jusqu'aux branchies , et n'empêchant pas, quand
elle est peu serrée, un certain développement des branchies , il fallait avoir
recours à des expériences plus décisives.

12. Or, le but du développement de tout organe respiratoire n'est,
comme on l'a déjà vu, que de présenter le sang à l'air par une plus grande

surface; et, comme on l'a vu encore, le poisson n'est asphyxié dans l'air
que parce que ses branchies ne s'y développant plus, au lieu de trente-
deux surfaces (à ne compter même que les feuillets) qu'elles présentaient
à l'air dans l'eau, elles ne présentent plus à l'air, dans l'air, que les
quatre surfaces des deux faisceaux solides qu'elles y forment. Il s'ensuivait
donc que, en réduisant peu à peu le nombre des surfaces développées dans
l'eau au nombre des surfaces développées dans l'air, on devait peu à peu
réduire la respiration à être aussi imparfaite dans l'eau que dans l'air.

13. J'ai donc lié d'abord, pour prévenir l'effusion du sang, et retranché
ensuite, sur divers poissons, soit une, soit deux, soit trois branchies de
chaque côté avec les arcs qui les portent; et, les branchies réduites à ce dernier état, j'ai vu la respiration, jusque là de plus en plus affaiblie, être à
peu près aussi imparfaite dans l'eau qu'elle l'est naturellement dans l'air;
et, l'animal, ainsi mutilé, ne survivre dans l'eau qu'un temps à peu près
égal au temps pendant lequel il eût, avec des branchies demeurées in-
tactes, survécu dans l'air.

§ VII.

1. J'ai supposé jusqu'ici, comme un fait établi, que le poisson meurt
dans l'air par asphyxie; voici quelques expériences propres à lever, sur ce
point, tous les doutes, s'il pouvait y en avoir.

2. 1° J'ai maintenu dans l'air, durant un certain temps, plusieurs tanches et plusieurs carpes ; et, ces poissons étant au moment de succomber,
je les ai vus constamment reprendre une certaine énergie, dès que j'é-
cartais les branchies les unes des autres, ou, en d'autres termes, dès que
j'accroissais artificiellement par-là l'étendue ou le développement des surfaces branchiales présentées à l'air.

3. 2° C'est surtout dans les poissons que l'on a privés de leurs opercules
que se voit bien tout l'effet de cet accroissement artificiel des surfaces. Un
pareil poisson étant mis dans l'air, ses branchies deviennent peu à peu d'abord
bleuâtres, puis noirâtres, et l'animal est sur le point de suffoquer; mais si

l'on dilate alors les branchies, et qu'on les maintienne dilatées par l'écartement artificiel des arcs branchiaux, on voit ces branchies redevenir plus ou moins rouges et les signes de suffocation disparaître (1).

4. 3° Une expérience plus simple, et non moins directe, est de maintenir, alternativement et pendant un certain temps, un poisson dans l'air et dans l'eau; on voit alternativement alors, au bout d'un certain temps, ses branchies devenir noirâtres dans l'air, et reprendre dans l'eau leur couleur rouge; et, à mesure qu'elles deviennent noirâtres, l'animal offrir de plus en plus des signes d'angoisse et de suffocation; et, à mesure qu'elles redeviennent rouges, l'animal reprendre son énergie.

5. Ainsi donc, et quant à la respiration même, tout dépend du développement ou de l'étendue des surfaces de l'organe respiratoire; et, soit dans l'air, soit dans l'eau, quand ce développement n'a plus lieu, l'animal succombe par asphyxie.

§ VIII.

1. On voit maintenant que la contradiction entre ces deux faits, l'un, que le poisson ne respire dans l'eau que l'air, et l'autre, qu'il meurt asphyxié dans l'air, n'est qu'une contradiction apparente, puisque c'est précisément quand il est dans l'air que l'air ne pénètre pas dans ses poumons, et que l'air n'y pénètre que quand il est dans l'eau.

2. On voit aussi combien a peu de fondement l'opinion de Duverney qui, pour expliquer ce singulier contraste, suppose que le poisson meurt asphyxié dans l'air, parce que ses branchies *laissent un passage trop libre, trop*

(1) On a cru pouvoir expliquer, par le seul *desséchement des branchies*, l'asphyxie des poissons dans l'air; mais, outre que ce *desséchement* ne saurait avoir lieu dans les poissons qui meurent presque à l'instant même où on les tire de l'eau, j'ai toujours vu la mort d'un poisson quelconque survenir dans l'air avant que les branchies fussent *sèches*. J'ai toujours vu ces branchies, même quelque temps après la mort du poisson, retenir une certaine couche d'eau, que le contact ou la pression y constatait. En second lieu, on voit par mes expériences que plus on écarte les branchies (c'est-à-dire plus on accroît le desséchement), plus on prolonge la vie du poisson dans l'air. Ce qui seul montre que, dans l'asphyxie du poisson dans l'air, le *défaut d'air* est une cause bien autrement immédiate et prochaine que le *desséchement.*

large à l'air (1); c'est précisément, au contraire, parce que l'air n'y peut plus passer ou les pénétrer.

3. On voit enfin, et en résumant tout ce qui précède, 1° que, dans les poissons, comme dans les vertébrés aériens, le but définitif de tout le mécanisme respiratoire est le développement de l'organe respiratoire même; 2° que, dans les poissons, le développement de cet organe ou des branchies ne peut être opéré que par l'intervention de l'eau; 3° que, quelque énergiques que se maintiennent les mouvements du reste de l'appareil dans l'air, ces mouvements n'y produisent pas ce développement; et 4° que c'est parce que ce développement n'est pas produit dans l'air, que l'animal y succombe par asphyxie.

4. Mais, arrivé à ce point de mon Mémoire, je sens qu'il se présente une difficulté. Cette difficulté est de savoir si les quatre surfaces branchiales développées dans l'air n'équivalent pas aux trente-deux surfaces développées dans l'eau, et s'il n'y a pas compensation entre une petite surface et beaucoup d'air, d'une part, et une grande surface et très peu d'air, de l'autre.

5. Il est évident que, cette compensation admise, ou, en d'autres termes, que le non-développement des surfaces branchiales ne suffisant pas pour expliquer l'asphyxie du poisson dans l'air, il faudrait nécessairement supposer le concours de quelque autre cause.

6. Mais d'abord, je n'ai compté encore, en comparant les surfaces développées dans l'air aux surfaces développées dans l'eau, que les surfaces des feuillets : il faut y ajouter les surfaces des lames ou franges, lesquelles ne se développent pas dans l'air, comme on a vu, et qui, se développant dans l'eau, y déploient une multitude de nouvelles surfaces dont le nombre, d'après le calcul de Duverney, s'élève à huit mille six cent quarante.

7. Ne pourrait-on pas dire d'ailleurs que, indépendamment de ce nombre presque infini de surfaces qui, dans l'air, sont perdues pour la respiration, celles même que l'air y atteint étant plus ou moins recouvertes d'une certaine

---

(1) *Histoire de l'Académie des sciences*, année 1701.

couche d'eau, cette couche d'eau adhérente et non renouvelée s'oppose à la
pleine et entière action de l'air sur elle? Car, bien qu'à mesure que cette
couche perd son oxigène par la respiration, elle en reprenne à l'air, elle n'en
reprend pourtant que proportionnellement et à la petite quantité d'eau qui
la compose, et au petit nombre de surfaces qu'elle recouvre. Ne pourrait-
on pas dire que l'affaissement des surfaces (et je ne parle toujours que de
celles que l'air atteint), s'opposant à ce que le sang les parcoure et s'y
renouvelle avec autant de facilité que lorsqu'elles se développaient, diminue
d'autant la quantité de sang qui respire? Ne faut-il pas tenir compte enfin
de ce mélange, dans la circulation, de deux sangs, dont l'un, celui des
branchies extérieures, a reçu l'oxigénation, et dont l'autre, celui des branchies intermédiaires, n'a pas été revivifié : mélange qui réduit la circulation
parfaite du poisson à une circulation imparfaite, ou mêlée de sang rouge et
de sang noir, comme celle du reptile, et qui réunit par là, dans le même
animal, à une respiration déjà imparfaite, une circulation devenue imparfaite aussi (1)?

8. Quoi qu'il en soit de ces conjectures sur les causes plus ou moins secondaires, qui peuvent se joindre à la cause immédiate et prochaine du non-
développement des branchies, pour déterminer l'asphyxie du poisson dans
l'air, je sépare ces conjectures des expériences de ce Mémoire; et je conclus :
1° que l'action de l'eau dans la respiration du poisson est une action essentiellement mécanique, et 2° que le résultat de cette action est d'amener et
d'assurer le développement complet des branchies.

(1) On sait que quelques espèces de poissons ont la faculté de vivre beaucoup plus longtemps que
les autres dans l'air ; il serait donc important de déterminer, pour chacune de ces espèces, à quelles
circonstances particulières, soit de structure, soit de mécanisme, tient cette faculté.

Pour ne parler ici que de l'anguille, la seule de ces espèces que j'aie pu me procurer vivante,
voici de quelles circonstances dépend pour elle cette faculté. La cavité qui loge les branchies,
très étendue par elle-même dans l'anguille, se prolonge encore en une espèce de canal formé par
une extension de la peau qui recouvre les opercules, et ce canal ne s'ouvre au-dehors que par un
petit trou : il suit de là que, quoique placé dans l'air, l'animal conserve une certaine quantité d'eau
dans la cavité branchiale, parce que cette cavité est large, que son orifice est étroit, que cet orifice
est, en outre, un peu élevé par rapport au fond de la cavité ; et c'est parce qu'il conserve une certaine quantité d'eau dans sa cavité branchiale, que l'animal conserve un certain temps sa vie dans
l'air.

§ IX.

1. Les deux Planches qui accompagnent ce Mémoire donnent tout le détail de l'appareil respiratoire des poissons.

2. Dans la Planche I, la figure 1 représente, sur la carpe, les branchies développées dans l'eau; et la figure 2 représente, sur le même animal, les mêmes branchies hors de l'eau, et *non développées*.

3. Dans la Planche II, les figures 10 et 11 représentent les poumons d'un cochon d'Inde. La figure 11 représente le poumon *insufflé*, c'est-à-dire développé par l'air; la figure 10 représente le poumon *affaissé*, ou non développé par l'air.

4. On voit bien, par ces quatre figures, toute la différence qu'il y a, soit dans la carpe, soit dans le cochon d'Inde, entre l'étendue de l'organe respiratoire lorsqu'il est *développé*, et l'étendue de ce même organe respiratoire lorsqu'il est affaissé ou *non développé*.

5. Les figures 3, 8 et 9 de la Planche II, représentent les petits muscles qui vont, en se croisant, d'une lame branchiale à l'autre (1). On a vu plus haut (2) que les branchies, dans leur rapprochement, ne vont jamais jusqu'à se toucher, tandis que, au contraire, les deux feuillets de chaque branchie, après s'être brusquement détachés et écartés, se *réappliquent* promptement et complétement l'un sur l'autre.

Ce *réappliquement*, prompt et complet, des deux feuillets de chaque branchie l'un sur l'autre, est dû à l'action particulière des *muscles croisés*, qui vont des franges ou lames branchiales d'un côté aux lames ou franges branchiales de l'autre.

____

(1) Ces petits muscles sont les muscles propres des lames branchiales. Les autres muscles du mécanisme respiratoire sont, je n'ai pas besoin de le dire, les muscles de toutes les parties qui servent à ce mécanisme : les muscles des arcs branchiaux, ceux des opercules, ceux de l'hyoïde, etc., etc.

(2) Voyez ci-devant, p. 80.

EXPLICATION DE LA PLANCHE Ire DE CE MÉMOIRE.

FIG. 1re. Tête de carpe. Cette figure a pour objet de montrer l'état de développement et la coloration des branchies quand l'animal est plongé dans l'eau. Les arcs branchiaux sont écartés, les feuillets, les lames sont soulevés et séparés les uns des autres, la coloration est d'un rouge vif.

FIG. 2°. La même tête de carpe, vue quelques moments après que l'animal a été mis hors de l'eau. Les arcs branchiaux sont rapprochés, les feuillets, les lames, toutes ces parties se touchent entre elles et ne forment plus qu'une masse, laquelle occupe moins d'espace que n'en occupaient toutes ces parties lorsqu'elles étaient plongées dans l'eau ; la couleur est d'un rouge noirâtre.

FIG. 3°. Appareil hyoïdien de carpe, vu par sa face supérieure.

 1. Osselet styloïde.

 2 et 3. Pièces latérales formant le corps principal de la branche de l'os hyoïde.

 4 et 5. Pièces placées l'une au-dessus de l'autre, et servant à joindre l'extrémité antérieure de chaque branche de l'os hyoïde à sa correspondante.

 6. Os lingual.

 7, 8 et 9. Rayons branchiostèges.

 10, 11, 12 et 13. Arceaux portant les branchies.

 14, 15 et 16. Os pharyngiens supérieurs, s'attachant en dehors sous l'extrémité interne des branches supérieures des trois derniers arceaux des branchies, et formant avec leurs correspondants du côté opposé le plafond du pharynx.

 17. Os pharyngien inférieur portant les dents pharyngiennes, et formant avec celui du côté opposé le plancher du pharynx.

FIG. 4°. Appareil hyoïdien de carpe, vu par sa face inférieure.

 1. Queue de l'os hyoïde.

 2. Os pharyngien inférieur.

 3. Rayons branchiostèges.

 4. Arceaux portant les branchies.

 5. Os lingual.

FIG. 5°. Appareil hyoïdien de carpe, vu par sa face supérieure, et laissant voir les pièces médianes.

 1. Os lingual.

 2. Premier osselet intermédiaire s'attachant dans le fond de l'angle formé par les branches de l'os hyoïde.

3. Deuxième osselet intermédiaire.

4. Troisième osselet intermédiaire.

5. Pièce cartilagineuse dont l'extrémité antérieure passe par-dessus le troisième osselet.

6 et 7. Pièces superposées de la branche de l'os hyoïde.

8. Une des deux pièces latérales de cette même branche.

9. Premier arceau branchial avec le ligament qui l'unit au premier osselet intermédiaire.

10. Deuxième arceau avec le ligament qui l'unit au deuxième osselet intermédiaire.

11. Troisième arceau avec le ligament qui l'unit au troisième osselet intermédiaire, dans la portion même que recouvre la pièce cartilagineuse.

12. Quatrième arceau branchial avec le ligament qui l'unit à la pièce cartilagineuse intermédiaire.

13. Os pharyngien inférieur.

FIG. 6ᵉ. Arceau branchial, vu par sa face latérale.

1. Pièce antérieure et inférieure de l'arceau.

2. Pièce postérieure et supérieure du même arceau.

3. Ligament qui unit les deux pièces l'une à l'autre.

4. Lames branchiales.

5. Cloison inter-branchiale.

PLANCHE II.

FIG. 1ʳᵉ. Portion d'arceau branchial de congre, vu par sa face externe. Les artères branchiales ont été injectées.

1. Arceau recouvert de sa membrane muqueuse.

2. Ramifications de l'artère branchiale , marchant le long du bord externe des lames.

FIG. 2ᵉ. Portion d'arceau branchial de congre sur lequel a été faite une section verticale dans le sens de l'épaisseur. Les lames branchiales qui se voient sur la fig. 1ʳᵉ ont été enlevées par cette section, laquelle laisse voir le bord interne des lames opposées. Les veines ont été injectées.

1. Arceau branchial incisé verticalement.

2. Veine branchiale ouverte.

3. Ramifications de cette même veine , marchant le long du bord interne des lames.

Fig 3e. Arceau branchial de congre sur lequel a été faite une section verticale dans le sens de la longueur, et où les artères et les veines ont été injectées.

    1. Corps de l'arceau incisé.

    2 et 3. Artère branchiale (injectée) envoyant une ramification le long du bord externe de la lame branchiale.

    4 et 5. Veine branchiale (injectée) envoyant une ramification le long du bord interne de la lame branchiale.

    6. Anastomose (sur la face de la lame) entre l'artère et la veine.

    7. Un des muscles intrinsèques de l'appareil branchial.

Fig. 4e. Portion d'arceau branchial de congre sur lequel on a fait une section horizontale, pour montrer le canal de l'artère avec les ouvertures des artérioles.

Fig. 5e. Portion d'arceau branchial de congre sur lequel on a fait une section horizontale, pour montrer le canal de la veine avec les ouvertures des veinules.

Fig. 6e. Portion d'arceau branchial de congre sur lequel a été faite une section verticale.

    1. Corps de l'arceau incisé.

    2. Artère branchiale et artérioles.

    3. Nerfs branchiaux et filets nerveux passant de chaque côté de chaque artériole.

Fig. ^e. Portion d'arceau branchial montrant :

    1. Les lames branchiales renversées.

    2. La cloison inter-branchiale.

Fig. 8e. Portion d'arceau branchial sur laquelle a été faite une section verticale.

    1, 1. Portions latérales de cet arceau renversées.

    2. Artère branchiale.

    3. Veine branchiale.

    4, 4. Lames branchiales.

    5, 5. Muscles intrinsèques de l'appareil branchial.

Fig. 9e. Lames branchiales vues de face, et préparées de manière à laisser voir l'entrecroisement des muscles intrinsèques de l'appareil branchial.

    1. Lames branchiales.

    2. Muscles intrinsèques.

Fig. 10e. Poumons de cochon d'Inde non insufflés, vus par leur face postérieure

Fig. 11e. Les mêmes insufflés.

IV.

PARALLÈLE DES EXTRÉMITÉS

DANS L'HOMME, LES QUADRUPÈDES ET LES OISEAUX.

§ I.

1. Les rapports qui se trouvent entre les membres supérieurs et les membres inférieurs ont frappé de bonne heure tous les observateurs : il a suffi, pour ainsidire, d'y regarder pour retrouver toutes les parties d'un membre dans l'autre, l'*épaule* dans la *hanche*, le *bras* dans la *cuisse*, l'*avant-bras* dans la *jambe*, la *main* dans le *pied*, les diverses parties de la *main* dans les diverses parties du *pied*, le *carpe* dans le *tarse*, le *métacarpe* dans le *métatarse*, les *doigts* dans les *orteils*.

2. Il a été plus difficile de rapporter individuellement chaque os d'un membre à chaque os de l'autre. Chose étrange, on ne sait pas encore s'il faut comparer ensemble l'*humérus* et le *fémur* du même côté ou l'*humérus* d'un côté et le *fémur* de l'autre ; on ne sait pas quel est celui des deux os de l'*avant-bras*, le *radius* ou le *cubitus*, qu'il faut comparer à tel ou tel des deux os de la *jambe*, le *tibia* ou le *péroné*.

3. Vicq-d'Azyr, dans un Mémoire célèbre (1), prétend « qu'une extrémité » antérieure répond et ressemble principalement à la postérieure du côté

____

(1) Vicq-d'Azyr, *Mémoire sur le parallèle des extrémités dans l'homme et les quadrupèdes* (*OEuvres de Vicq-d'Azyr*, Paris, 1805, t. IV, p. 321).

»opposé; » et G. Cuvier répète l'assertion de Vicq-d'Azyr : « C'est la droite
» d'une paire, dit-il, qu'il faut comparer à la gauche de l'autre (1). »

4. Mais il est aisé de faire voir que cette opinion d'une analogie renversée,
proposée par Vicq-d'Azyr, n'est nullement fondée, et que, tout au contraire de cette opinion, ce sont les deux extrémités du même côté qui se
reproduisent l'une l'autre, et qu'il faut comparer l'une à l'autre.

§ II.

1. En effet, si, détachant, par exemple, l'extrémité antérieure droite d'un
squelette, on la compare avec l'extrémité inférieure du même côté, la main
étant dans la pronation, sans rotation du *radius,* on a un rapport exact de la
main avec le pied : à la main comme au pied, les pouces sont en dedans, les
petits doigts en dehors, etc.; mais alors l'*humérus* et le *fémur* sont en opposition complète : le *fémur* a sa tête en dedans, son *grand trochanter* en dehors, etc., tandis que l'*humérus* a sa tête en dehors, sa *grosse tubérosité*
en dedans, etc. Ainsi, dans ce premier cas, où l'on compare les deux extrémités du même côté, lequel cas est celui qu'a voulu corriger Vicq-d'A-
zyr, on a un rapport exact, direct, de la *main* avec le *pied*, mais un rapport
inverse de l'*humérus* avec le *fémur*.

2. Si l'on compare, au contraire, à l'exemple de Vicq-d'Azyr, l'extrémité
antérieure gauche avec l'extrémité postérieure droite, la *main* étant toujours dans la pronation, et toujours sans la rotation du *radius* (c'est-à-dire
par l'inversion du membre entier, inversion qui s'opère si facilement sur le
squelette), on rétablit les rapports directs du *fémur* avec l'*humérus*, mais
on renverse ceux de la *main* avec le *pied*. Ainsi, toujours un renverse-
ment : dans le premier cas, à la partie supérieure, et dans le second, à la
partie inférieure des extrémités.

3. Si, enfin, on compare les deux extrémités du même côté, la *main* étant
dans la pronation, mais, par son mécanisme vrai, naturel, le seul possible
sur le vivant, par la rotation du radius, on a partout des rapports directs :

(1) *Leçons d'anatomie comparée*, 2ᵉ édition, Paris, 1836, t. I, p. 342.

par l'effet seul de ce mécanisme, l'*humérus*, le *fémur*, la *main*, le *pied* du même côté, toutes ces parties se trouvent tournées dans le même sens; et ce même sens de toutes les parties correspondantes est précisément ce qui constitue la solution réelle de la difficulté, et la preuve démonstrative de l'analogie cherchée.

§ III.

1. La longue indécision des anatomistes touchant les rapports réels des membres supérieurs avec les inférieurs, ne tenait donc qu'à l'oubli, dans des comparaisons faites sur le squelette, du mécanisme vrai de la pronation de la *main* par la rotation du *radius*; et la simple restitution de ce mécanisme suffit pour rendre, comme je viens de le dire, à toutes les parties correspondantes une position semblable.

2. Or, dans cette position semblable de toutes les parties des deux extrémités du même côté, donnée par le mécanisme vrai de la pronation de la main, le *radius* répond au *tibia* et le *cubitus* au péroné. C'est justement le contraire de ce qu'a pensé Vicq-d'Azyr, qui assimile le *cubitus* au *tibia* et le *radius* au péroné. Mais indépendamment de la raison décisive, tirée du vrai mécanisme de la pronation de la main, combien d'autres raisons encore ne se présente-t-il pas contre l'opinion que je réfute, les unes prises de l'anatomie même de l'homme, et les autres de l'anatomie comparée?

3. Dans l'*homme*, l'os essentiel de l'avant-bras, l'os qui continue le bras, l'os qui porte la main, est le *radius*; le *cubitus* n'est là que pour, d'une part, élargir la surface des insertions musculaires, et, de l'autre, prêter un appui solide au membre pendant la rotation de l'os principal, du *radius*. De même, au membre inférieur, l'os essentiel de la jambe, l'os qui continue la cuisse, l'os qui porte le pied, est le *tibia*. Plus évidemment encore qu'au membre supérieur, le *péroné* n'est là que pour l'agrandissement des surfaces musculaires; il ne prend aucune part à l'articulation avec le fémur; il n'en prend qu'une latérale avec le pied.

4. Dans les animaux, le rôle subordonné du *cubitus* et du *péroné*, et par suite leurs rapports respectifs, deviennent plus incontestables encore, s'il est

possible. Déjà, dans les *chauves-souris*, dans les *galéopithèques*, le *cubitus* n'est plus qu'un filet très grêle; ce même cubitus ne se montre plus qu'en vestige dans les *ruminants*, dans les *solipèdes*; le *péroné*, déjà très grêle dans les *chauves-souris*, déjà simple rudiment styloïde dans le *cheval*, manque à peu près tout-à-fait dans plusieurs ruminants (1), ou n'y est représenté que par un petit os qui forme la malléole externe; ce même *péroné* est toujours imparfait dans les oiseaux, etc.

5. Que l'on consulte donc ou l'*homme* ou les *animaux*, on voit que le *radius* répond au *tibia*, le *cubitus* au *péroné*; et ce qui ajoute le dernier trait à ce qui vient d'être dit, c'est que, dans la pronation naturelle quoique temporaire de l'*homme*, les deux os de l'avant-bras sont un peu croisés, comme ils le sont dans la pronation constante des animaux.

§ IV.

1. Mais on demandera sans doute ce que devient la *rotule* dans ma manière de voir. La *rotule*, selon Vicq-d'Azyr, répond à l'*olécrâne*. Ces deux os se répondraient, en effet, du moins par la position qu'ils prendraient alors, le membre antérieur droit étant comparé, comme le veut Vicq-d'Azyr, au membre postérieur gauche; mais vous remarquerez que l'*olécrâne* forme une véritable apophyse, c'est-à-dire une véritable partie du *cubitus*, tandis que la rotule n'a nul rapport possible avec le péroné (2). La rotule est donc un os particulier, sans nulle analogie réelle avec l'*olécrâne*, simple os sésamoïde, placé dans le tendon du *triceps crural* pour faciliter le jeu de ce tendon sur le fémur, comme précisément à l'opposite, c'est-à-dire à la partie postérieure des condyles, il s'en développe si souvent dans le point de chaque tendon des *jumeaux* qui répond aux condyles.

(1) Je dis plusieurs ruminants; car dans le *rhenne*, l'*élan*, le *daim*, le *cerf de Timor*, etc. , on trouve, outre l'os de la malléole externe, un *rudiment styloïde du péroné*, attaché, comme dans les *solipèdes*, au côté externe de la tête du tibia.

(2) Pas même par le tendon du *triceps crural*, lequel s'insère non au *péroné*, mais au *tibia* et au *tibia* seul.

TOME I.

13

§ V.

1. Il ne reste plus qu'à montrer les rapports des os de l'*épaule* avec ceux de la *hanche*. Vicq-d'Azyr avait déjà comparé d'une manière générale l'épaule à la hanche. Les progrès de l'*ostéologie comparée* nous ont permis depuis de retrouver chacun des trois os de l'*épaule*, l'*omoplate*, le *coracoïdien*, la *clavicule*, dans chacun des trois os de la *hanche*, l'*iléon*, l'*ischion* et le *pubis*.

2. J'ajoute que l'exemple des *oiseaux* met l'analogie respective de ces différents os dans tout son jour. L'*omoplate*, l'*iléon*, y sont situés en haut et parallèlement à l'épine du dos ; viennent ensuite à l'*épaule* le coracoïdien, à la *hanche* l'*ischion;* et puis la *clavicule*, vulgairement *fourchette ;* et le *pubis*, filet détaché comme la *clavicule*, et à qui il ne manque que de s'unir par son bout libre au filet opposé pour former, comme la *clavicule*, une *fourchette* ou *petite fourche.*

3. Ainsi donc, dans la comparaison générale des extrémités supérieures aux inférieures, ce sont les *extrémités du même côté* qui doivent être comparées ensemble ; ainsi donc, dans la comparaison des deux os de l'avant-bras aux deux os de la jambe, c'est le *tibia* qu'il faut comparer au *radius*, et le *cubitus* au *péroné;* ainsi donc enfin, dans l'épaule comparée à la hanche, c'est l'*omoplate* qui répond à l'*iléon*, le *coracoïdien* à l'*ischion* et le *pubis* à la *clavicule* (1).

§ VI.

1. Quant à la comparaison de la main avec le pied, Vicq-d'Azyr a donné le rapport exact des os du carpe et du tarse. A la première rangée, le *pisiforme* et le *pyramidal* réunis répondent au *calcanéum*, le *semi-lunaire* à

____

(1) Je n'ai pas parlé de l'opposition des angles que font les articulations des deux extrémités du même côté comparées ensemble ; car ce n'est pas là une difficulté réelle. Le sens quelconque des articulations ne change évidemment rien à l'essence des os, et par conséquent à leurs analogies. D'ailleurs, dans la manière même de voir de Vicq-d'Azyr, l'angle de l'articulation de la main en pronation est encore opposé à celui de l'articulation du pied.

l'*astragale* et le *scaphoïde* au *scaphoïde*. A la seconde, le *trapèze*, le *trapézoïde*, le *grand os*, répondent évidemment aux trois os *cunéiformes* et le *cuboïde* répond à l'*os crochu*.

2. Pour cette seconde rangée, il ne peut y avoir de difficulté.

3. Le doute, s'il y a doute, ne peut donc porter que sur la première, et, dans cette première rangée même, que sur un seul point, savoir, sur le rapprochement des deux *scaphoïdes*. Or, supposez le *semi-lunaire* grossi à la main comme l'*astragale* l'est au pied, il repoussera nécessairement le *scaphoïde*, il le portera en avant; et ce qui le prouve, c'est l'allongement du pouce du pied, comparé au pouce de la main, allongement qui n'a, en effet, d'autre cause que le déplacement du *scaphoïde*, son transport en avant, et sa position sur la même ligne que les autres os du pouce; car chacun de ces autres os, pris séparément, est peut-être, proportionnellement, plus court au pouce du pied qu'au pouce de la main.

<h3 style="text-align:center">§ VII.</h3>

1. Je ne parle ni de la comparaison du *métacarpe* avec le *métatarse*, ni de la comparaison des *doigts* avec les *orteils;* l'analogie de toutes ces parties les unes avec les autres, de chaque os du *métacarpe* avec chaque os du *métatarse*, de chaque *doigt* avec chaque *orteil*, est trop évidente.

2. J'ajoute seulement que dans les *singes*, où le *carpe* a neuf os, deux os du *carpe* répondent à l'*astragale* (le *semi-lunaire* et le *surnuméraire*), comme deux au *calcanéum* (le *pyramidal* et le *pisiforme*).

EXPLICATION DE LA PLANCHE DE CE MÉMOIRE.

F IG. 1ʳᵉ. Jambe ou extrémité inférieure droite.

    a. Le fémur.

    b. Le tibia.

    c. Le péroné.

    d. Le gros orteil.

    e. Le petit orteil.

FIG. 2ᵉ. Bras ou membre supérieur droit, en pronation par la rotation, non du radi
seul, mais du membre entier.

    a. L'humérus.

    b. Le radius.

    c. Le cubitus.

    d. Le pouce.

    e. Le petit doigt.

Nota. Dans ce parallèle des deux extrémités du même côté, tel que le faisaient les anciens, le *fémur* et l'*humérus* sont en sens inverse : l'un a sa tête à droite, l'autre l'a à gauche, etc.; mais toutes les parties de l'*avant-bras* et de la *jambe* proprement dite se correspondent : le pied a le *gros orteil* en dedans et le *petit* en dehors; la main a le *pouce* en dedans et le *petit doigt* en dehors, etc. ; le *tibia* répond au *radius*, le *péroné* au *cubitus*, etc.

FIG. 3ᵉ. Bras ou membre supérieur gauche, en pronation par la rotation, non du *radius* seul, mais du membre entier.

    a. L'humérus.

    b. Le radius.

    c. Le cubitus.

    d. Le pouce.

    e. Le petit doigt.

Nota. Dans ce parallèle, proposé par Vicq-d'Azyr, de l'extrémité supérieure d'un côté avec l'extrémité inférieure de l'autre, la correspondance du *fémur* et de l'*humérus* est rétablie; mais tous les rapports de la *jambe* proprement dite et de l'*avant-bras* sont renversés : le pied a son *pouce* en dedans et son *petit doigt* en dehors; à la main, c'est tout le contraire, le *pouce* est en dehors et le *petit doigt* en dedans; le *radius* répond au *péroné*, le *cubitus* au *tibia*, etc.

F ɪɢ. 4ᵉ. Bras droit en pronation par le mécanisme vrai, c'est-à-dire par la rotation seule du *radius*.

> *a*. L'humérus.
> *b*. Le radius.
> *c*. Le cubitus.
> *d*. Le pouce.
> *e*. Le petit doigt.

Nota. Dans ce nouveau parallèle, que je propose, la correspondance règne partout : l'*humérus* et le *fémur* ont leurs têtes tournées du même côté ; et, soit à l'*avant-bras*, soit à la *jambe*, tous les rapports reparaissent. Au pied comme à la main, le *gros doigt* est en dedans, et le *petit* en dehors ; le *radius* répond au *tibia*, le *cubitus* au *péroné*, etc.

F ɪɢ. 5ᵉ. Colonne vertébrale, os de l'épaule et os de la hanche d'un jeune *Paon*.

> 1. 1. 1. Colonne vertébrale.
> *a*. Omoplate.
> *b*. Coracoïdien.
> *c*. Clavicule.
> *a*. Iléon.
> *b*. Ischion.
> *c*. Pubis.
> *d*. Prolongement terminal du pubis.

Nota. A l'*épaule* et à la *hanche* les os correspondants sont à dessein marqués des mêmes lettres : *d* est le prolongement du *pubis* d'un côté, qui, se portant vers celui du côté opposé, imite la disposition en *fourche* de la *clavicule*.

ERRATA.

Page 22, ligne 16, *au lieu de :* M. G. Cuvier, dit..., *lisez :* G. Cuvier dit...

Page 23, ligne 18, *au lieu de :* la poche, l'intestin intérieur..., *lisez :* la poche, l'intestin extérieur...

Page 30, note, ligne 11, *au lieu de :* vers l'endroit d'où sont venus..., *lisez :* vers l'endroit d'où ils sont venus...

Page 33, note 3, ligne 9. Aux ouvrages sur la *rumination* que je cite à cet endroit, ajoutez un ouvrage de M. HAUBNER, étude très approfondie de tout ce qui se rapporte à ce phénomène, et qui a pour titre : *Traité sur la digestion des animaux ruminants, avec un examen des expériences faites par M. FLOURENS sur la rumination.*

Page 34, suite de la note de la page précédente, ligne 4, *au lieu de :* p. 55..., *lisez :* p. 52...

Page 46, note 2, ligne 1, *au lieu de :* et même de tout aliment quelconque..., *lisez :* et même, dans certains cas, de tout aliment quelconque...

TABLE DES MATIÈRES.

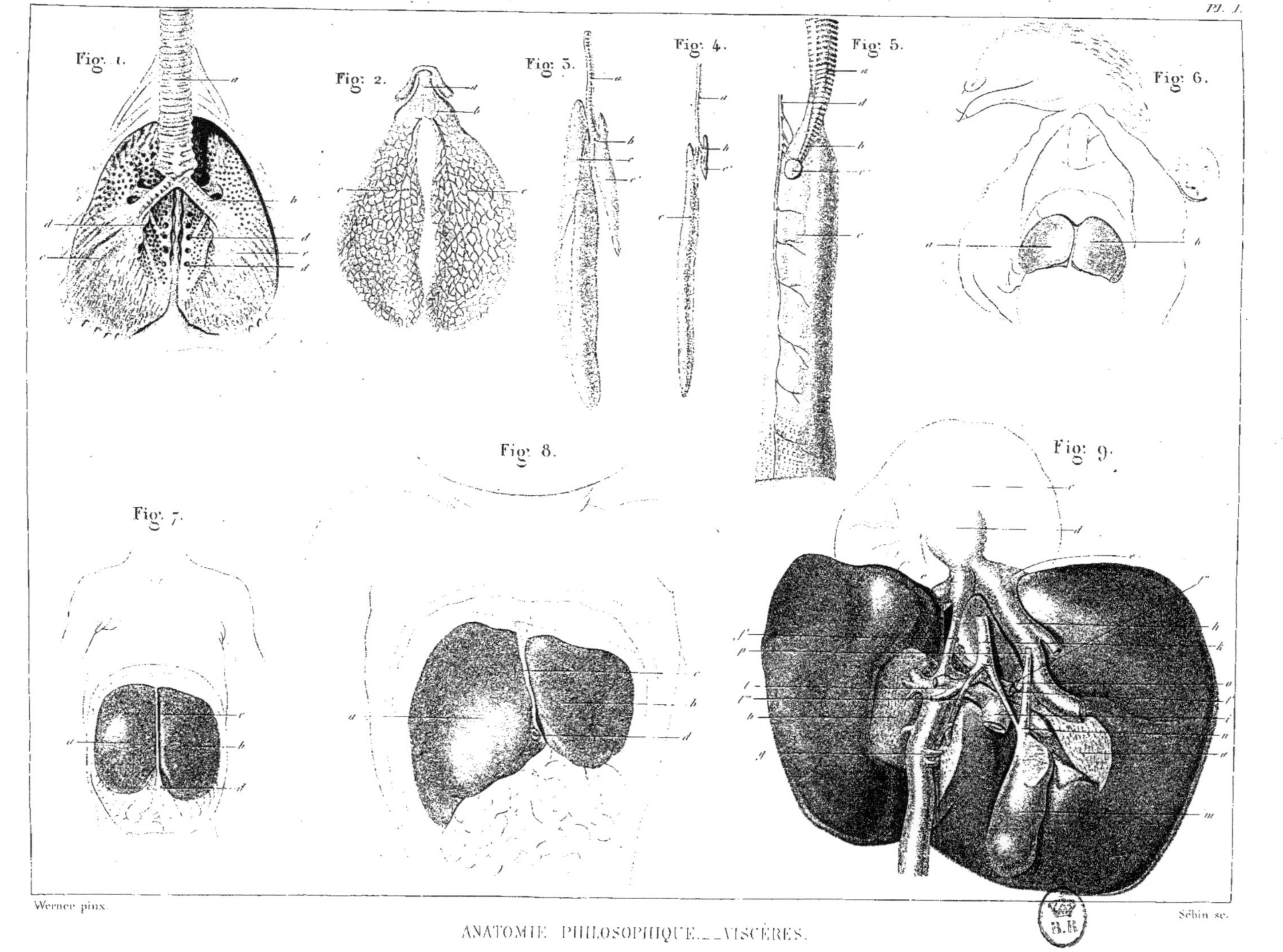

ANATOMIE PHILOSOPHIQUE.__VISCÈRES.

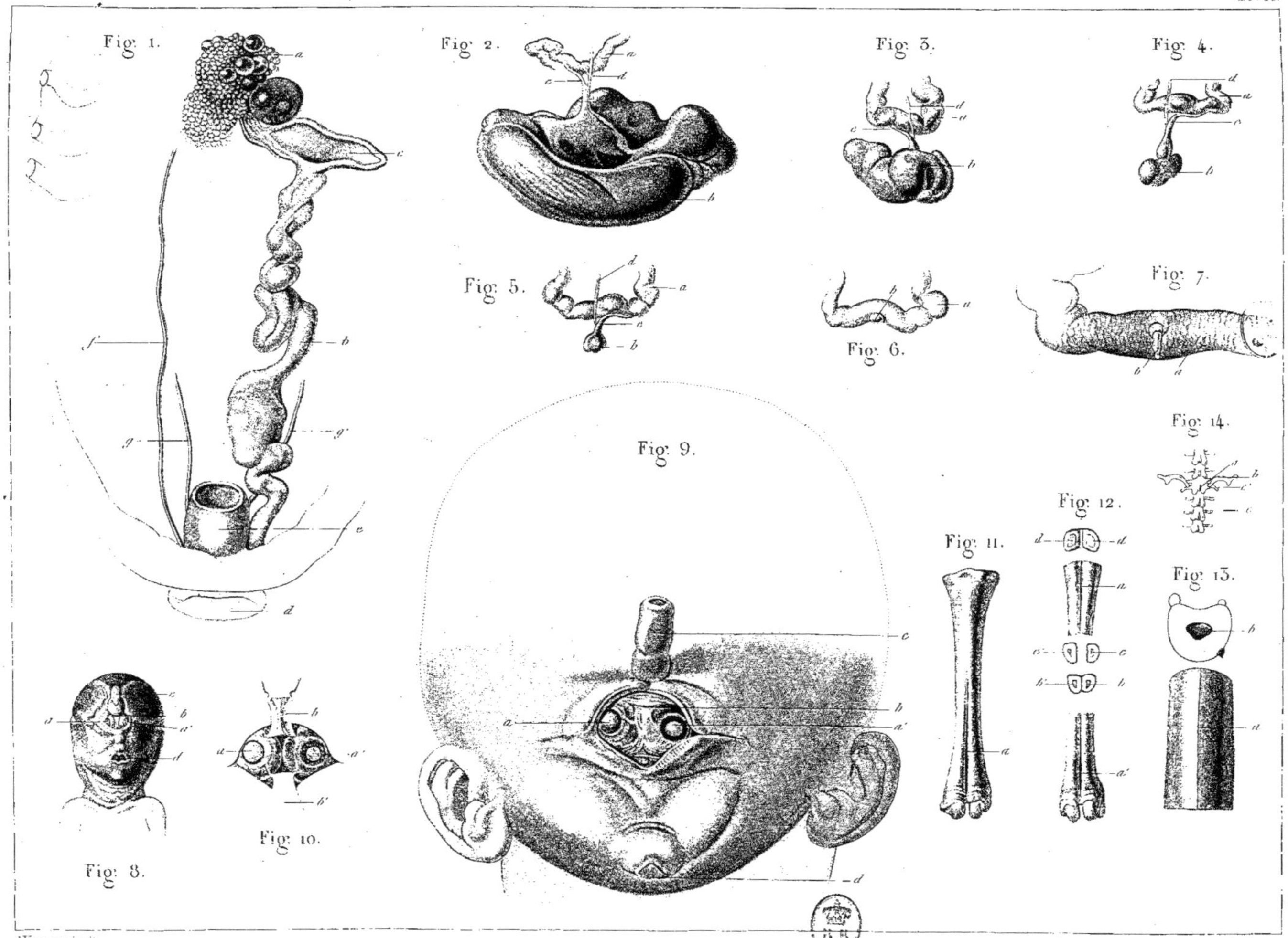

Fig. 1.

Fig. 2.

Fig. 3.

Fig. 4.

Fig. 5.

Fig. 6.

Fig. 7.

Fig. 8.

Fig. 9.

Fig. 10.

Fig. 11.

Fig. 12.

Fig. 13.

Fig. 14.

Werner pinxit.

Sébin sc.

ANATOMIE PHILOSOPHIQUE. — VISCÈRES.

N. Rémond, imp.

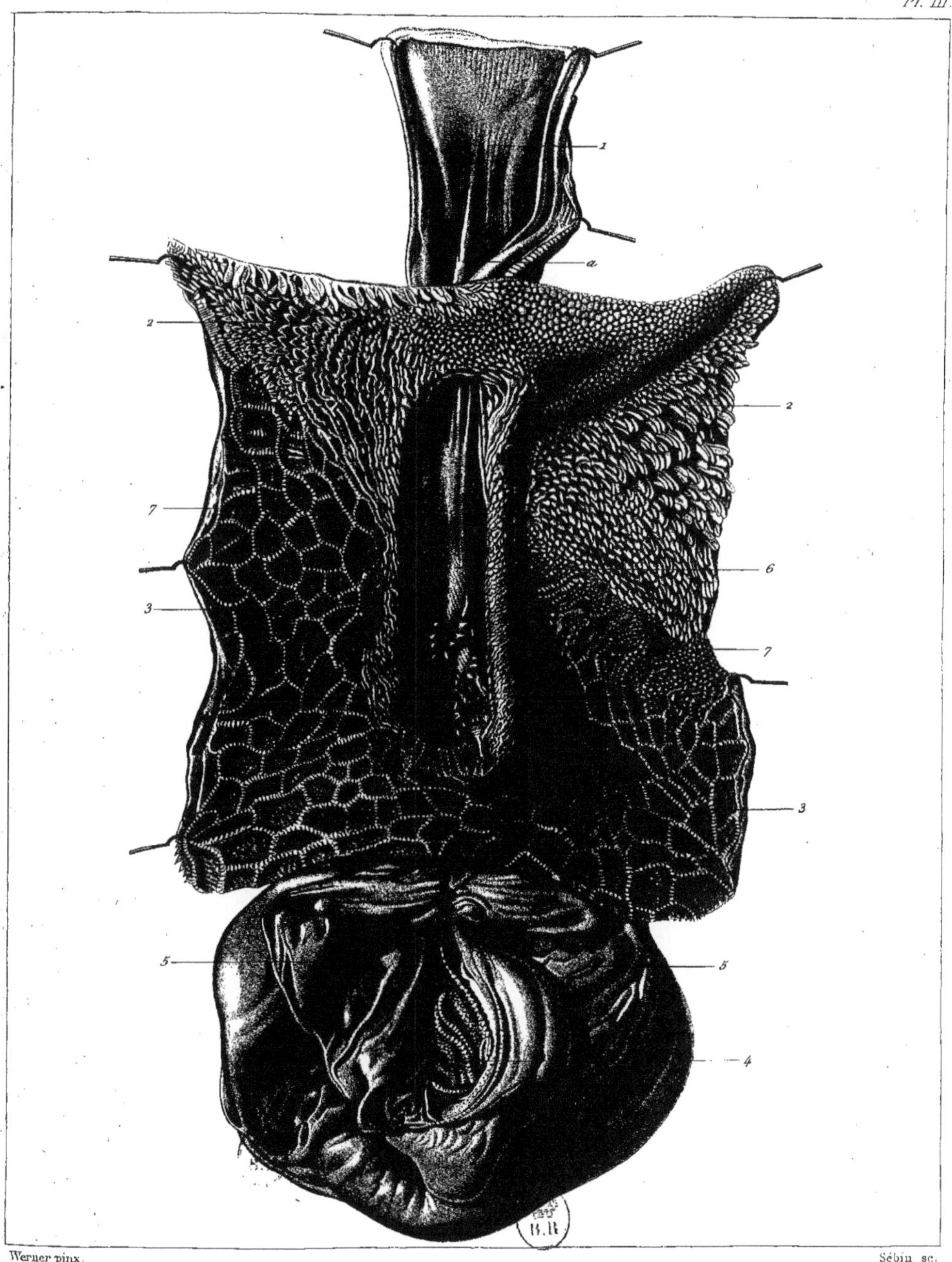

Werner pinx.

Sébin sc.

ESTOMACS du MOUTON. (Membrane muqueuse.)

N. Rémond Imp.

Fig. 1.

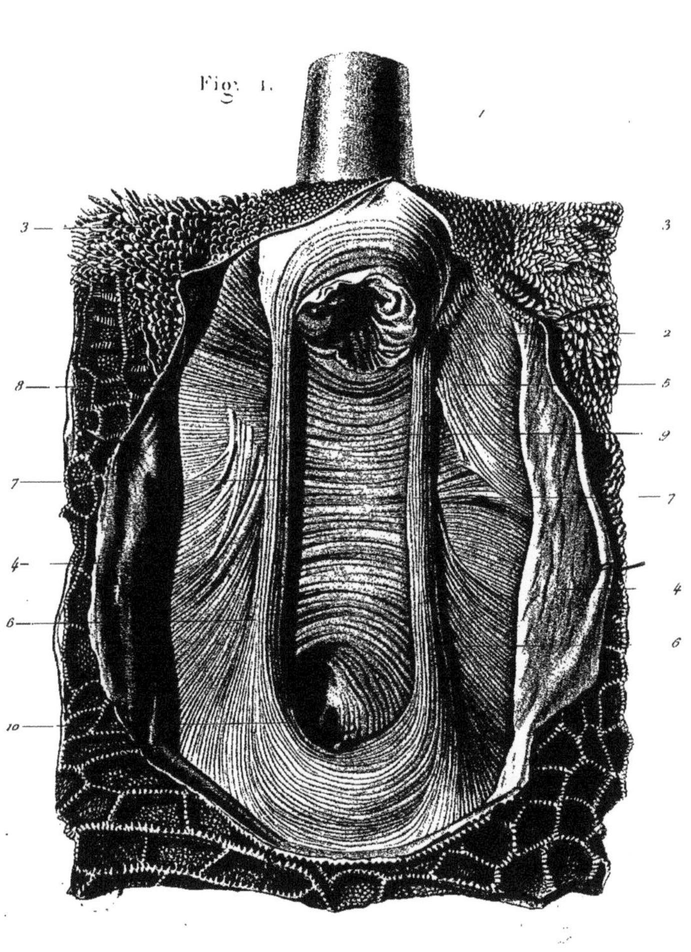

Fig. 2.

ESTOMACS du MOUTON. (Plans musculaires.)

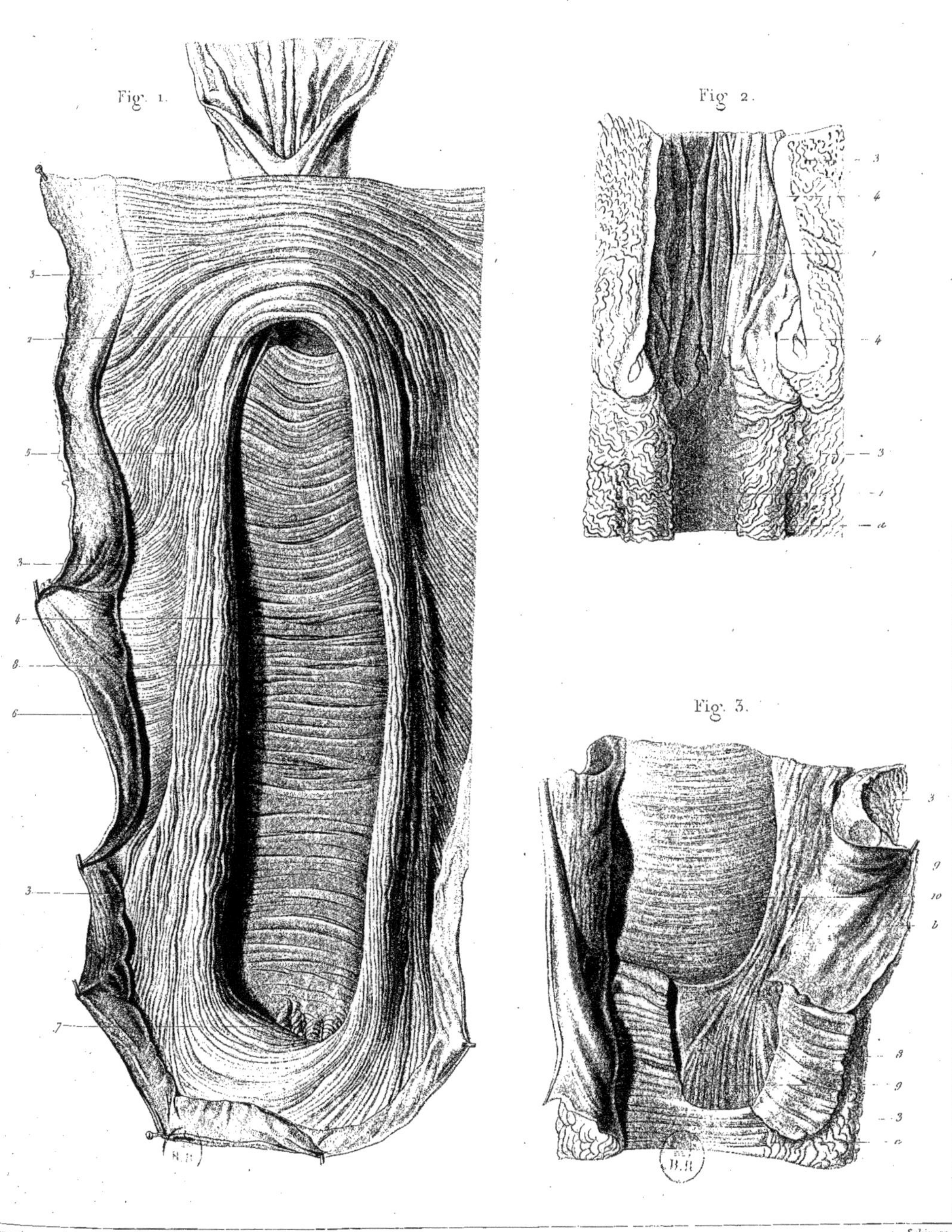

Verner pinx.

Sebin sc.

ESTOMACS du BŒUF. (Plans musculaires)

RESPIRATION DES POISSONS.

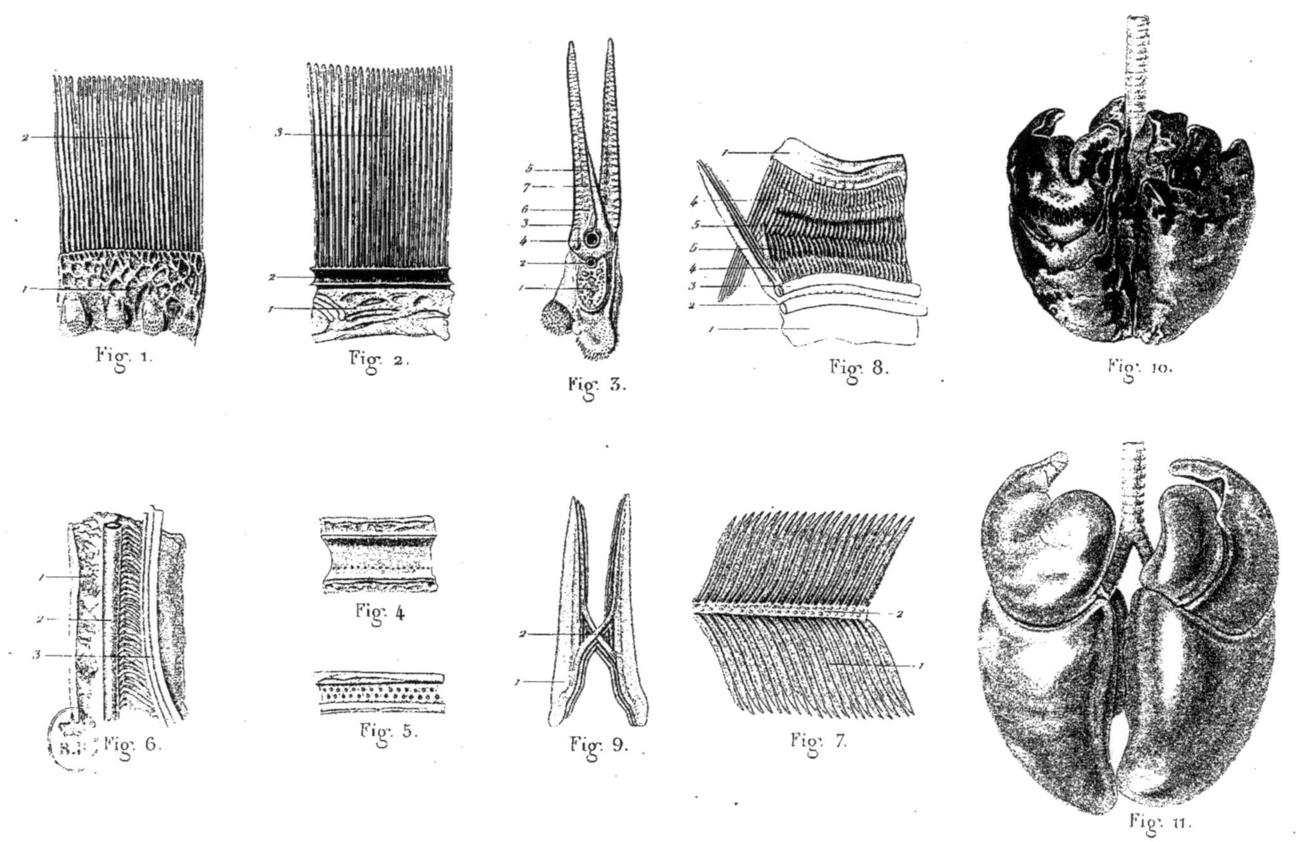

RESPIRATION DES POISSONS.

Werner pinx.   Sébin sc.   N. Rémond imp.

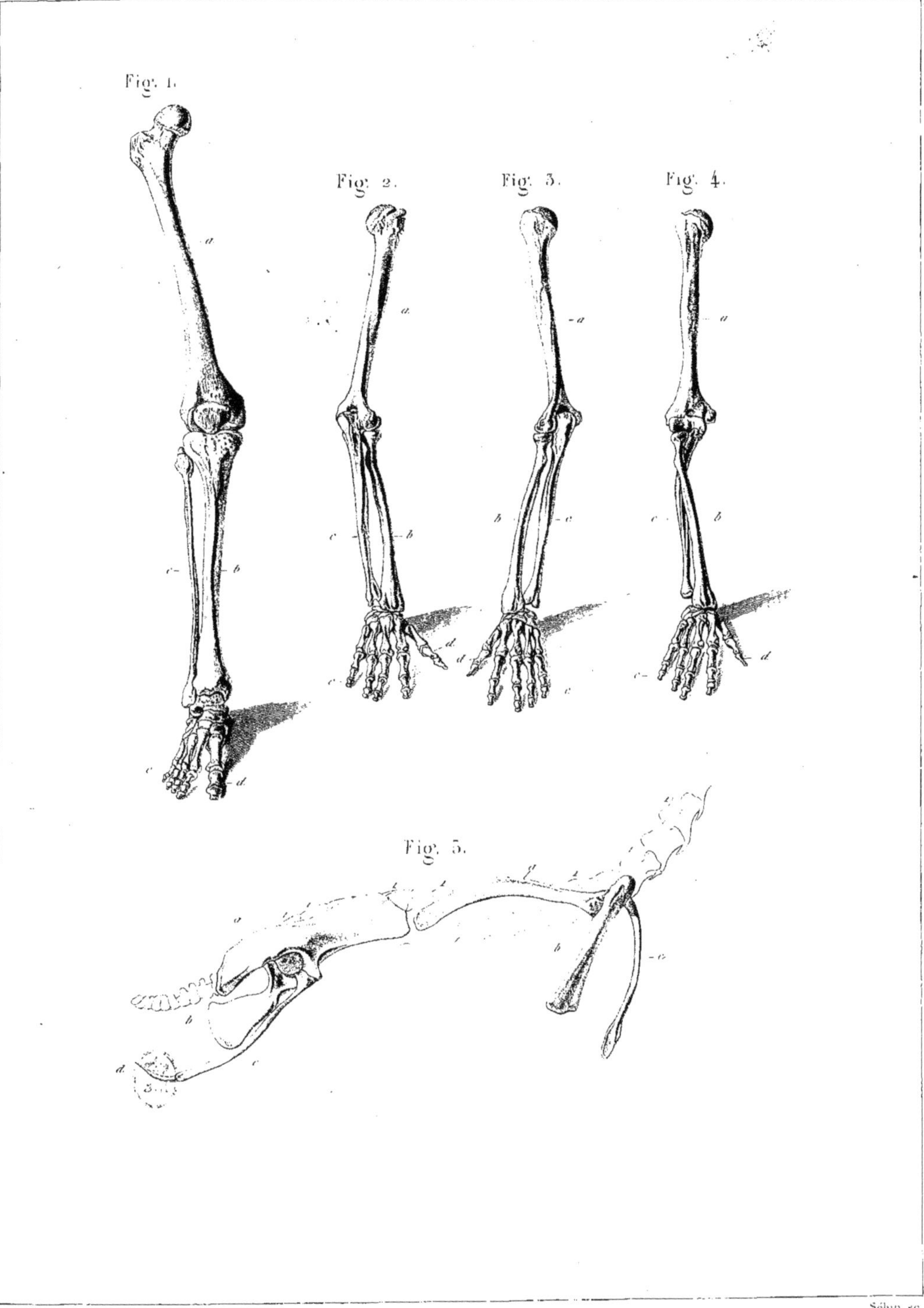

PARALLÈLE DES EXTRÉMITÉS.